CAMBRIDGE LIBRARY COLLECTION

Books of enduring scholarly value

History

The books reissued in this series include accounts of historical events and movements by eye-witnesses and contemporaries, as well as landmark studies that assembled significant source materials or developed new historiographical methods. The series includes work in social, political and military history on a wide range of periods and regions, giving modern scholars ready access to influential publications of the past.

Cartulaires Français en Angleterre

Around 1820, several manuscripts went missing from the archives of Maine-et-Loire in Angers, among them two of the region's most valued cartularies, *Le Livre Noir de Saint-Florent, prés Saumur* and *La Grande Pancarte de Fontevrauld*. These volumes were later discovered to have been purchased by the famed book collector Thomas Phillipps, and, in 1850, the Angers archivist Paul Marchegay travelled to England to document these and other French cartularies in English collections. The result of his efforts is *Cartulaires Français en Angleterre* (1855). This important bibliography provides full descriptions of seven French cartulary manuscripts held at the British Museum, lists by geographic location twenty-two documents pertaining to French foundations, and describes the two manuscripts held in the Phillipps collection. It both represents an important contribution to the history of Angers and reveals a fascinating story of diplomatic co-operation among the archivists of France and England.

Cambridge University Press has long been a pioneer in the reissuing of out-of-print titles from its own backlist, producing digital reprints of books that are still sought after by scholars and students but could not be reprinted economically using traditional technology. The Cambridge Library Collection extends this activity to a wider range of books which are still of importance to researchers and professionals, either for the source material they contain, or as landmarks in the history of their academic discipline.

Drawing from the world-renowned collections in the Cambridge University Library, and guided by the advice of experts in each subject area, Cambridge University Press is using state-of-the-art scanning machines in its own Printing House to capture the content of each book selected for inclusion. The files are processed to give a consistently clear, crisp image, and the books finished to the high quality standard for which the Press is recognised around the world. The latest print-on-demand technology ensures that the books will remain available indefinitely, and that orders for single or multiple copies can quickly be supplied.

The Cambridge Library Collection will bring back to life books of enduring scholarly value (including out-of-copyright works originally issued by other publishers) across a wide range of disciplines in the humanities and social sciences and in science and technology.

Cartulaires Français en Angleterre

Paul Marchegay

CAMBRIDGE
UNIVERSITY PRESS

CAMBRIDGE UNIVERSITY PRESS

Cambridge, New York, Melbourne, Madrid, Cape Town, Singapore,
São Paolo, Delhi, Dubai, Tokyo

Published in the United States of America by Cambridge University Press, New York

www.cambridge.org
Information on this title: www.cambridge.org/9781108021883

© in this compilation Cambridge University Press 2010

This edition first published 1855
This digitally printed version 2010

ISBN 978-1-108-02188-3 Paperback

CARTULAIRES FRANÇAIS

EN

ANGLETERRE,

PAR

M. PAUL MARCHEGAY.

———◦◦◦◦◦———

PARIS,

TYPOGRAPHIE DE FIRMIN DIDOT FRÈRES,

RUE JACOB, 56.

—

1855.

(Extrait de la Bibliothèque de l'École des chartes, 4e série, vol. 1.)

Paris. — Typographie de Firmin Didot frères, rue Jacob, 56.

CARTULAIRES FRANÇAIS

ANGLETERRE.

Vers 1820, plusieurs manuscrits disparurent des archives de Maine-et-Loire, entre autres deux cartulaires originaux, très-importants par le grand nombre et la date reculée de leurs chartes, de même que par les diverses provinces et localités auxquelles elles se rapportaient : le Livre Noir de Saint-Florent, près Saumur, et la Grande Pancarte de Fontevraud. Des recherches furent faites à différentes reprises, mais toujours sans succès; et l'archiviste, M. Jubin-Dedouvres, fut obligé de reconnaître qu'il y avait eu soustraction, soit par un jeune homme qu'il employait comme garçon de bureau, soit par une personne à laquelle de hautes recommandations avaient donné de grandes libertés dans les archives. L'opinion générale attribuait le vol au premier. Trouvant insuffisante la somme allouée à son service, il aurait succombé à la tentation d'augmenter son salaire par la vente de volumineux registres en parchemin. Cependant des manuscrits aussi précieux ne pouvaient entrer dans une collection publique ni même privée sans qu'il fût possible d'en suivre la trace ; la transmission des documents n'était pas encore dissimulée par les mystères et les habiletés qu'on a employés depuis. On en arriva donc à conclure que l'auteur du vol, pour éviter d'être découvert, avait dû démembrer nos cartulaires et finir par les vendre à des relieurs, dont le ciseau les a coupés pour garnir les dos et les coins de grammaires et de catéchismes. Cette conviction était si profonde, que le successeur de M. Jubin, après avoir fait lui-même d'actives recherches, crut ne pouvoir mieux signaler son entrée en fonctions qu'en travaillant à reconstituer les deux cartulaires dont on déplorait

1

le perte. La considération que ces manuscrits n'existaient plus fut d'un grand poids auprès de l'Académie des inscriptions et belles-lettres, lorsqu'elle attribua, en 1844, une médaille d'or aux *Archives d'Anjou*, pour la reconstitution, feuillet par feuillet, du Livre Noir de Saint-Florent.

Toutefois les manuscrits des archives d'Angers n'étaient pas détruits, probablement parce qu'ils n'avaient pas été volés par le garçon de bureau. Vendus à un libraire de Paris, ils étaient passés en Angleterre, et ils y avaient formé le noyau de la collection particulière la plus riche en manuscrits qui existe de nos jours, celle de sir Thomas Phillipp's, baronnet. En 1849, mon confrère M. André Salmon profita de la noble et gracieuse hospitalité de Middle-Hill pour transcrire plusieurs documents relatifs à la Touraine. S'il ne constatait que plus tard l'existence de la Grande Pancarte de Fontevraud, il m'écrivait déjà le 15 août : « Sir Th. Phillipp's m'a donné à admirer le joyau de sa biblio-« thèque, le fameux Livre Noir de Saint-Florent. Les plus belles et « savantes reconstitutions de cartulaires ne valent pas, mon cher ami, « la vue de ce magnifique document, auquel je ne trouve à reprocher « qu'une chose, c'est qu'il ne soit pas à Angers ou même à Paris. Quoi « qu'il en soit, il est sauvé à jamais... Sir Th. Phillipp's a parcouru avec « intérêt tes Archives d'Anjou, qu'il serait très-désireux de posséder, « comme aussi de voir l'auteur ; je lui ai promis les deux, c'est-à-dire « un exemplaire de ton livre le plus tôt possible, et ta visite pour l'an-« née prochaine. »

Cette lettre arriva à Angers pendant la session du conseil général. Instruits aussitôt de la découverte du Livre Noir et de l'empressement avec lequel sir Th. Phillipp's offrait de le communiquer et d'en laisser prendre copie, MM. les conseillers du département émettent, le 31 août, le vœu que M. le ministre de l'instruction publique « alloue à « l'archiviste de Maine-et-Loire une somme de 800 francs, en lui don-« nant la mission spéciale d'aller rechercher et copier en Angleterre les « documents relatifs à l'Anjou, notamment le Livre Noir de Saint-Flo-« rent et le Grand Cartulaire de Fontevraud. » Le 20 mars 1850, M. le ministre accordait la mission sollicitée, et, en l'annonçant à l'archiviste, il ajoutait : « Tout en vous occupant du but spécial de votre mission, je « désirerais, Monsieur, qu'il vous fût possible de rapporter de votre « voyage une notice des autres cartulaires de France que vous pourrez « découvrir en Angleterre. Cette notice, qui n'ajouterait que faiblement « à la durée de votre tâche, servirait de complément à l'indication des « cartulaires que mon collègue M. le ministre de l'intérieur a publiée,

« et au catalogue des manuscrits des bibliothèques des départements
« dont le ministère de l'instruction publique a commencé la publica-
« tion. Je recevrai avec un vif intérêt vos communications à ce sujet. »
Le travail qui suit est le résultat de cette mission, qui a duré près de
deux mois, du 27 juin au 20 août 1850. Sans y faire entrer de nombreux renseignements destinés à des travaux personnels sur l'Anjou et
le Poitou, je me suis renfermé dans le cercle de mes instructions. Dans
la Première Partie, j'ai fait le catalogue de seize cartulaires concernant la France [1], que j'ai rencontrés au Musée britannique. Ils sont
énumérés d'après l'ordre prescrit pour le classement des Archives Départementales. La Seconde Partie contient, suivant l'ordre alphabétique
des localités auxquelles ils se rapportent, l'indication de vingt-deux
titres, nécrologes, comptes et autres documents qui sont le complément des cartulaires de France. Enfin la Troisième Partie concerne
spécialement sept cartulaires d'abbayes angevines et de quelques-uns
de leurs prieurés en Angleterre.

Pour ce dernier travail, je n'ai pas profité seulement des nombreuses
et admirables collections du Musée britannique, administrées avec un
ordre si parfait, une libéralité si exemplaire, et sur lesquelles il m'avait
été possible de travailler dès le jour de mon arrivée à Londres, grâce
à l'extrême obligeance de M. Holmes, conservateur adjoint des manuscrits, auquel j'étais recommandé par M. Ch. Lenormant.

D'honorables professeurs d'Oxford, pour lesquels Dom Pitra, bénédictin de Solesmes, m'avait donné des lettres, m'ont fait pénétrer
dans le chartrier du collége de la Madeleine, afin de consulter le cartulaire du prieuré de Selé, dépendant de Saint-Florent de Saumur.

Sir Th. Phillipp's a exercé à mon égard cette hospitalité vraiment
anglaise dont on conserve toujours un touchant souvenir.

Je ne dois pas oublier non plus le savant conservateur adjoint des
Rôles. Sir Francis Palgrave ne s'est pas contenté de faire mettre à
ma disposition les documents et surtout les Rôles de la Tour de Londres ; par son initiative aussi bienveillante qu'éclairée, j'ai pu rapporter
à la bibliothèque d'Angers trente-six des plus importants volumes publiés par la Commission des Records.

1. Dans son rapport à M. le ministre de l'instruction publique, Dom Pitra a décrit
le cartulaire du prieuré de Domnène, diocèse de Grenoble. Voy. *Archives des missions scientifiques*, t. I, p. 492

PREMIÈRE PARTIE.

I. Royaume des Deux-Siciles.

Musée britannique. Mss. Harley, n° 902, fol. 108-133.

*Mémoire ; inventaire sommaire de lettres, bulles et autres en-
seignements ; conclusions ; copies de bulles et lettres par lesquels
apert le bon droict que très-christien roy de France, Charles,
VIIIe de ce nom, a au royaulme de Sicile.*

In-folio en papier de 26 pages, daté du 7 février 1493 (vieux
style).

Ce manuscrit est de la main de Guillaume de Sailly, l'un des
clercs ordinaires de la Chambre des comptes, qui certifie les
bulles et chartes copiées par lui conformes aux originaux conservés dans ladite Chambre.

Parmi les pièces transcrites, se trouve un inventaire des titres touchant le royaume de Sicile, fait au château d'Angers, le
27 janvier 1491, vieux style, par Léonard Baronat.

II. Université de Paris.

Musée britannique, Additional Mss., n° 17304. — Acquis le
12 février 1848 de Boone, qui le tenait de Moore, de Paris.

Liber privilegiorum et statutorum universitatis Parisiensis.

In-4° en parchemin ; 220 folios écrits. Écriture du quatorzième
au dix-septième siècle. 172 pièces, d'après l'*Index* (qui donne
les passages cités par Duboulay) ; du 11 mai 1218 (bulle d'Honoré III, fol. 29 v°) au 20 avril 1652 (acte du rectorat de Claude
de la Place, fol. 213).

Ce manuscrit est en assez bon état, sauf un petit nombre de
feuillets qui sont fatigués ou usés. Il a une belle et ancienne
reliure en veau vert, parmi les ornements de laquelle figurent
des fleurs de lis. On a, sur les deux ailes du volume, coupé la
portion sur laquelle étaient apposées les armoiries. L'écriture
est disposée en pleine page, dont chacune contient 28 lignes
pour les folios cotés anciennement 1-155, 172 et suivants ; et
33 lignes pour les folios 156-171.

La partie ancienne, celle du quatorzième siècle, la seule qui
mérite d'attirer l'attention, est d'une bonne et belle écriture. Les

titres et les chapitres des diverses pièces y sont tracés à l'encre rouge, et les initiales enluminées en or, azur et violet. La première page a un encadrement et une initiale enluminée à personnages, qui ont beaucoup souffert, ainsi que la miniature qui représente le crucifiement, placée au folio 8, v°.

En tête de ce cartulaire, on lit le commencement de l'Evangile selon saint Jean, fol. 1, après lequel viennent le *Calendarium academicum*; puis les formules de serment, priviléges royaux, bulles en grand nombre, décrets, statuts et nominations de recteurs, dont le dernier est Claude de la Place.

III. Duchés d'Aquitaine et de Gascogne.

Musée britannique, Mss. Cotton, Julius, E. 1.
Literæ, Chartæ et Tractatus Vasconiæ et Aquitaniæ, tempore Henrici I, Edwardi I et II et Henrici III.

In-4°; parchemin; 356 folios, y compris les feuillets de papier qui séparent les divers cahiers ou registres formant ce volume. Écriture du quatorzième siècle. Il y a 299 pièces, d'après la table, écrite sur papier et remontant au dix-septième siècle, qui est placée en tête du volume; mais plusieurs sont souvent comprises sous un seul numéro. Elles vont de 1027 (Charte de Guillaume, duc d'Aquitaine, en faveur de Sainte-Croix de Bordeaux) à 1325.

Bon manuscrit, composé de plusieurs parties, et dans lequel sont aussi reliés quelques titres originaux. Au bas du premier folio, on lit : *Scribitur par manum Thome de Chesy*, dont on reconnaît la main en divers endroits, du folio 1er au 177e. L'écriture est disposée en pleine page. Elle est fine et serrée, et contient de 40 à 42 lignes à la page pour les folios 1 à 279. Pour le reste du volume, elle est d'une main toute différente, et d'autant plus régulière, que les caractères y sont gros et allongés.

Ce manuscrit est un véritable *Cartulaire d'Aquitaine*, et on peut, pour l'importance, le comparer aux cartulaires de Philippe-Auguste.

Il contient non-seulement des chartes des souverains de France et d'Angleterre, et de leurs grands vassaux, mais encore des bulles et des actes émanés tant des communautés religieuses et municipales que des particuliers de toutes classes;

le tout rédigé en latin, en français et en provencal. Ces documents se rencontrent surtout aux folios 1-72.

Aux folios 77-255, on trouve principalement des états des revenus, issues et coutumes des divers sénéchaussées, bailliages, paroisses, villes et châteaux, au commencement du quatorzième siècle; le tout entremêlé et appuyé de titres en grand nombre, copiés à la suite de l'article auquel ils se rapportent. Des inventaires de titres, qui concernent notamment Bordeaux, sont copiés aux folios 156-159 et 264-268.

Enfin, le reste du volume contient des Mémoires et des Enquêtes relatifs aux coutumes légales du pays.

Le temps m'a manqué pour procéder à un examen aussi minutieux que le mérite ce manuscrit, qui doit être signalé à toutes les personnes qui veulent étudier l'histoire de l'Aquitaine sous la domination anglaise.

Bréquigny en a donné la copie à peu près complète dans sa collection conservée à la Bibliothèque impériale. Mais j'ai constaté, notamment pour plusieurs *Cartæ antiquæ* du Musée britannique, l'incorrection de ses textes; et peut-être en est-il ainsi de sa transcription du *Tractatus Vasconiæ*.

IV. Comtés de Poitou et de Toulouse.
V. Comté d'Avignon.

Musée britannique, Additional Mss., n°s 17308 et 17309, reliés en un seul volume. Acquis le 12 février 1848 de Boone, qui les tenait de Moore de Paris.

1° (f. 1-4) : *Ordinatio pro executione comitis Pictavensis.* — *Ordinatio facta pro exequtore comitis Pictavensis et Tholose, de redditibus familiæ suæ et piis locis assignatis.*

Petit in-folio; parchemin; 4 feuillets. Écriture de la fin du treizième siècle. — 1 lettre de Philippe le Bel. (*Parisius, A. D.* 1275, *mense januarii.*)

Manuscrit bien conservé. Bonne écriture, disposée en pleine page. Le comte de Poitou et de Toulouse est Alphonse, frère de saint Louis.

2° Voyez plus loin, art. XI.

3° (f. 14-25): *Feoda comitis Pictavensis in comitatu Venaissini.* — Titre courant en rubrique : *Feoda Venaissini.*

Format un peu inférieur à celui des deux premières parties du volume; parchemin ; 11 feuillets. Écriture de la seconde moitié du treizième siècle. — 16 pièces, du 8 au 23 novembre 1253. Manuscrit bien conservé. Bonne écriture disposée sur deux colonnes, de quarante-sept lignes chacune.

Ce manuscrit est plutôt un *registre d'assises* qu'un cartulaire. Il contient des notices sommaires des aveux et déclarations rendus, du VI des ides de novembre au X des calendes de décembre 1253, à Alphonse, comte de Poitou et de Toulouse, représenté par Guillaume Bermond, notaire de G. [1], évêque de Carpentras, par les ecclésiastiques et laïques qui tiennent des fiefs dudit comte dans les diocèses de Saint-Paul-Trois-Châteaux, Orange, Avignon et Vaison. Ces aveux sont divisés en seize chapitres, en tête de chacun desquels est une courte rubrique, indiquant le nom du vassal ou de son fief. Le premier concerne l'abbesse du Boschet (de Bosqueto), nommée *domna Raimunda*.

VI. Seigneurie d'Arlay en Bourgogne.

Musée britannique, Additional Mss., n° 17305. Acheté de Boone, le 12 février 1848.

(Au dos) : *Cartulaire des sires d'Arlay.* (Dans le Mst.) : *En cest livre sunt escriptes totes les latres que H. et P. baron mon signor Hugue de Chalon, sires d'Arlay, a, quex que elles soient ne de quel matiere que elles parloient, soient de herietage, d'achat de terre, de fiez ou d'autre chose, don les latres s'enseguent ci-après. Et premerement des fiez,* etc., etc.

In-4°, relié en veau rouge; parchemin. 206 folios, y compris la table placée en tête, et qui en contient 11. Anciennement le Mst. en contenait CCII, sans la table. Écriture de 1327 à 1350. Les chartes sont au nombre de 618, dont 2 sont incomplètes (dans l'origine il y en avait 622), de 1202 à 1327.

Magnifique conservation pour le parchemin et l'écriture.

Manquent les feuillets cotés anciennement VIII^{xx}XV, VIII^{xx}VII, VIII^{xx}IX, IX^{xx}, IX^{xx}I, IX^{xx}VII et CCII.

L'écriture, disposée en pleine page, de cinquante lignes chacune, paraît de trois mains différentes. Elle est très-bonne, quoique fine et serrée. Les dernières analyses contenues dans la

1. Guillaume IV, Beroard.

table ont été écrites au quinzième siècle, époque du foliotage.
L'initiale de chaque titre est en encre rouge.

Les renseignements qui suivent pourront donner une idée de
l'importance de ce cartulaire, pour l'histoire de la Franche-
Comté et pour celle de la féodalité.

A partir du folio 188, jadis coté IX^{xx}II, l'ordre méthodique
n'est plus aussi bien observé; et on rencontre notamment beaucoup de chartes qui se rapportent aux fiefs.

Le tableau suivant indique les principaux personnages desquels les chartes sont émanées :

Philippe IV, le Bel, en 1302 et 1305.

Louis X, le Hutin, 1315.

Philippe V, le Long, 1317.

Albert, roi des Romains.

Adolphe, roi des Romains, 1294.

Raoul, duc de Bavière, 1294.

Thibaut, comte de Palatin, de Champagne et de Bar.

Marguerite, reine de Navarre.

Marguerite, reine de Jérusalem et de Sicile, 1289.

Humbert, dauphin de Viennois.

Divers ducs de Bourgogne.

Albert, duc de Saxe, 1291.

Divers comtes palatins de Bourgogne.

Mahaut, comtesse d'Artois et de Bourgogne, 1304.

Othon, marquis de Brandebourg, 1291.

Boniface, pape, 1296.

Divers archevêques de Besançon, notamment Guillaume, en 1257
et 1260.

Sifrid, archevêque de Cologne, 1291.

Gérard, archevêque de Mayence, 1291.

Boëmond, archevêque de Trèves, 1291.
Guillaume, évêque de Lausanne, 1288.

On trouve plusieurs lettres missives aux folios 39, recto et verso et 118. Ce cartulaire contient aussi bon nombre de chartes en langue vulgaire, notamment des années 1237, 1241, 1242, 1245, 1246, 1247, 1250, aux folios 19, 21 v°, 22 v°, 21, 48 v°, 63 v°, 21, 51, 34. Il en existe même une de 1202 (f. 76 v°), et une autre de 1206 (f. 61 v°); et précisément en raison de leur antiquité, ces deux documents doivent être l'objet d'un examen minutieux de la part de personnes compétentes.

Les principales localités dont les noms reviennent le plus souvent dans le cartulaire sont : *Bar, Briançon, Châlon-sur-Saône, Commercy, Joux, Lons-le-Saulnier, Montbeliard, Neufchatel, Poligny, Salins*, etc.

Cette dernière ville était la capitale d'une puissante baronnie, que Hugues, duc de Bourgogne, acquit en 1239, et qu'il échangea immédiatement avec Jean, comte de Bourgogne et de Châlons, contre ce dernier comté (cart., fol. 135). Dans une charte du 29 janvier 1307 (fol. 71 v° à 73 v°), intitulée : *Lettres des convenances entre mons. de Châlon et ces de Besançon* (c'est-à-dire *les citiens* et *communs*), Jean de Châlons se dit *sires d'Allay, vicuens et maires de Besençon*. Il avait été mis en possession de cette mairie dès 1293, par ordre d'Adolphe, roi des Romains, dont la lettre est copiée dans le cartulaire au folio 179.

VII. Seigneurie de la Forêt en Poitou.

Musée britannique, Additional Mss., n° 17316. Acquis de Boone, le 12 février 1848.

Copie des archives de la Forêt.

In-folio, relié en veau. Papier beau et fort. 454 feuillets. Écrit à la fin du dix-huitième siècle. Il contient environ 200 pièces, du 19 juin 1406 au 4 octobre 1773.

Beau manuscrit, fait avec soin et même avec luxe. Magnifique écriture ; quelques parties en rubrique ; on y trouve des plans d'ensemble et de détails très-bien exécutés.

Le premier, qui est très-grand, est collé sur soie.

En tête du volume est une Table analytique des titres, et à la fin une Table alphabétique des matières. Aucune d'elles n'est comprise dans la pagination.

La terre et seigneurie de la Forêt, située paroisse du même nom, était composée des fiefs de Vieille-Forge et du Menou, en Angoumois, et de celui de la Motte de Lorigné, en Poitou.

VIII. Ville de Greux et de Domremy en Champagne.

Musée britannique, Addit. Mss., n° 17313. Acquis le 12 février 1848, de Boone, qui le tenait de Moore de Paris.
Priviléges de Greux et Dompremy.
In-folio, papier, 19 folios. Au dos du dernier, on lit : *Procédures pour la cour des Aides. Cotte* F. Copie datée du 11 mars 1596, faite et signée par Mongeot, greffier en chef de l'élection de Chaumont, qui dit avoir rendu l'original aux habitants de Greux. 14 pièces, de 1429 à 1495.

Les marges, fort mutilees, ont été restaurées avec soin.

M. Moore a intitulé ce manuscrit, sur un feuillet de carton qui est relié en tète : *Cartulaire des priviléges octroyés aux villes de Greux et Dompremy par les rois de France, en reconnaissance des services de la Pucelle.*

Au dix-septième siècle, il a été mieux désigné sous le titre de : *Coppie collationnée des priviléges et exemptions accordés par Charles VII, roi de France, aux habitants de Greux, en faveur des services rendus à l'Estat par Jeanne Darque, surnommée la Pucelle d'Orléans.*

Cf. sur les priviléges de Greux et de Domremy, deux articles de M. Vallet de Viriville dans la *Bibliothèque de l'École des Chartes*, 3ᵉ série, V, 271, et dans le *Bulletin de la Société de l'histoire de France*, année 1854, p. 103.

IX. Bullaire anglais.

Musée britannique. Addit. Mss., Nᵒˢ 15351-15401. Déposé d'abord en 1829 parmi les papiers d'État (*State Papers Office*), ce recueil a été transféré au Musée britannique sur l'ordre de sir James Graham, secrétaire d'État, partie en 1843, partie en 1845. On lui a donné le titre suivant :
Monumenta Britannica, ex autographis Romanorum pontifi-

*cum regestis cæterisque documentis deprompta, Marinus Mari-
nii Tabulariis Vaticanis præfectus, conlegit, digessit.*

En Angleterre il est généralement désigné sous le nom de
Vatican Papers; son véritable titre devrait être *Bullarium Anglicanum.* — In-folio. — Papier. — 51 volumes, dont 48 de
texte (n°⁵ 15351-15398), et 3 de tables (n°ˢ 15399-15401). Le
dernier contient un Index chronologique fait en 1839, au State
Papers Office, par M. Robert Lemon. Le nombre des volumes
suffit pour donner une idée de la quantité des bulles, qui vont
de 1216 à 1759 (avénement d'Honoré III, à la 2ᵉ année de Clé-
ment XIII); plus 3 pièces des années 1087 et 1093 (chartes de
Guillaume le Conquérant), et 1191 (bulle de Célestin III).

Ce magnifique recueil, pour lequel le gouvernement anglais
a, dit-on, beaucoup dépensé, paraît avoir été fait avec le plus
grand soin.

Dans son *Monitum lectori,* Mᵍʳ Marini, préfet ou garde des
archives du Vatican, dit qu'il a été formé, « de consilio equitis
« Bunsen Borusiæ, apud sanctam sedem oratoris, » pour être
envoyé à Londres, « ad clarissimum virum Guillelmum Hamil-
« ton. » Il termine par la recommandation suivante, de l'exécution de laquelle il est bien permis de ne pas se porter garant, pas
plus en France qu'en Angleterre : « Pro certo habemus hoc
« nostrum opus typis mandatum non iri, nisi ad hoc, ut monui-
« mus, noster accedat consensus. Libenter vero hoc erimus con-
« cessuri, habita a summo pontifice venia, quam speramus ea
« daturum benignitate qua opus ipsum conficiendum jam an-
« nuit, prælaudato Hamilton postulante. »

Les deux volumes de tables faites par l'abbé Marini, n°ˢ 15399,
15400, contiennent de bonnes analyses de chaque bulle, avec
l'indication du numéro d'ordre et de l'année du pontificat. Il est
du reste assez difficile de les consulter, parce qu'en faisant relier la collection, on y a établi un ordre chronologique rigou-
reux, qui n'existait pas lorsque les *Vatican Papers* sont arrivés
au *State Papers Office.*

M. Lemon a remédié à cet inconvénient par son Index désigné
plus haut (n° 15401), dans lequel il rétablit la concordance entre
le texte et les tables de l'abbé Marini. Il serait à désirer que
le travail si recommandable de M. Lemon fût complété par une
table des noms de personnes et de lieux, dans le genre de celles

qui ont été faites avec tant de soin pour les publications de la commission des Records [1].

Il existe à Paris, à la Bibliothèque impériale, une collection du même genre, concernant la France, et dans laquelle j'ai retrouvé toutes les bulles relatives à Bérengère de Sicile, veuve de Richard Cœur de lion, qui sont fort intéressantes pour l'histoire de l'Anjou et du Maine. Les actes sont aussi classés par pontificats et par ordre de date.

Quelques auteurs ayant prétendu que, dans les copies délivrées par la cour de Rome, les textes ne sont pas toujours strictement ni complétement reproduits, les deux collections de Paris et de Londres, transcrites à des dates très-éloignées l'une de l'autre et reproduisant souvent les mêmes pièces du treizième au quinzième siècle, fournissent un excellent moyen de contrôle et de correction. Il y a d'ailleurs un intérêt réel à les comparer, en ce qu'une pièce peut avoir échappé à l'un des compilateurs, et se rencontrer dans le travail de l'autre.

X. ARCHEVÊCHÉ DE TOURS.

Musée britannique, Mss. Fonds Lansdowne, n° 349.
Registrum ecclesiæ Turonensis, codex sæc. XIII.

Dans le catalogue imprimé, page 107, il est intitulé : *The Register Book of the cathedral of Tours, written on vellum in the 14th century*, etc., etc.

In-8° carré, relié en veau. Parchemin. 56 feuillets. Écriture : 1° de 1201 à 1225 pour le cartulaire proprement dit (fol. 1-48); 2° de 1225 à 1250 pour les annexes (fol. 49-56). — 28 chartes, de 1094 à 1242.

Manuscrit bien conservé, quoique le parchemin soit un peu racorni ou maculé.

Le texte est complet; l'écriture est partout disposée en pleine page. Dans le cartulaire, qui est de la même main et contient de vingt-cinq à vingt-six lignes à la page, elle est nette et soignée. La première ligne est en lettres majuscules allongées, et chaque charte ou bulle est précédée d'un titre en rubrique.

1. Cf. dans les *Archives des Missions*, année 1850, la description que dom Pitra a faite des *Monumenta Britannica*.

Dans ce qui fait suite au cartulaire, il y a moins de soin et de régularité, et on y reconnaît plusieurs écritures, notamment aux folios désignés ci-après :

49 recto, Charte de Guillaume de Montsoreau ; 49 verso, Devoirs dus par le seigneur de Rillé ; 50 r., à 53 v., Devoirs dus par divers seigneurs; 53 v., à 55 r., Devoirs dus par le seigneur d'Amboise, et Charte de Juhel, archevêque de Tours (mars 1242), et enfin fol. 56, r.: Sentences d'absolution pour le prieuré de Lezay (1238); et au verso : 1° Devoirs dus à l'archevêque de Tours par un personnage dont le nom, aujourd'hui illisible, commence par un G. 2° Remise par ledit archevêque à Guillaume Lepeigne de la taille des acquêts faits par lui dans la paroisse de Vernou (1233).

Les chartes comprises dans le cartulaire sont :

Compositio Majoris Monasterii.

Concordia ecclesie B. Mauritii et B. Martini Turonensis et Cormaricensis monasterii (1174).

Compositio monasterii Millebecencis (1177).

Confirmatio compositionis Cormariacensis.

Compositio ecclesie Cainonensis (1197).

Confirmatio domini pape, de subjectione S. Petri Puellaris.

Compositio de Cainone, inter archiepiscopum Turonensem et regem Ricardum firmata, (1190).

Confirmatio Philippi, regis Francorum, super compositione inter B. archiepiscopum Turonensem et Ricardum regem Anglorum (1190).

Confirmatio compositionis Cormariacensis.

Quitatio Henrici, regis Anglie, super domibus archiepiscoporum Turonensium.

De pace archiepiscopi cum domino de Monte Sorello (1197 et 1205).

De hominagio Castri Rudulphi (1202).

—   comitis Sacri Cesaris (1205).

Confirmatio capelle Guillelmi de Rocha (1205).

Littere Guillelmi de Rocha super eadem (1205)

— archidiaconi — (1205)

Privilegia Romanorum pontificum, de subjectione Dolensis ecclesie :
— Privilegium Eugenii III; Urbani II; Anastasii IV; Eugenii III; Lucii II;

Privilegium Lucii II;

Sententia domini pape Innocentii III, de subjectione Dolensis ecclesie (1118).

Hæc sunt feoda domini archiepiscopi Turonensis.

Les pièces contenues dans le reste du manuscrit ont été indiquées plus haut.

M. Salmon a décrit ce cartulaire dans ses *Notes sur quelques manuscrits concernant la Touraine qui se trouvent en Angleterre*, p. 4 et s. — Il doit exister au Vatican, dans le fonds de la reine de Suède, un cartulaire à peu près semblable à celui du fonds Lansdowne. Le Ms. de Rome se trouve en grande partie copié à la Bibl. imp., résidu Saint-Germain, *Anecdota*, 1. III [1].

XI. Évêché de Maguelonne.

Musée britannique, Addit. Mss. Nᵒˢ 1708 et 1709. *Voy.* plus haut, art. IV et V, la description des parties 1 et 3 de ce volume.

2° (F. 5-13). *Cartæ ad episcopatum Magalonensem spectantes*, etc., etc.

Petit in-folio. Parchemin. 9 folios. Écriture de la seconde moitié du treizième siècle. 24 chartes, 1208-1256.

Manuscrit bien conservé. Bonne écriture disposée en pleine page.

Les chartes sont copiées à la suite l'une de l'autre, précédées d'une rubrique et du numéro d'ordre.

La première pièce concerne l'hommage fait, le 29 mars 1255, par le roi d'Aragon à l'évêque de Maguelonne pour le fief de la ville de Montpellier.

La deuxième contient un traité passé le 7 février 1257 (n. s.) entre l'évêque et les consuls de Montpellier.

La troisième est l'aveu des fiefs de Montpellier et de *Palude*, rendu par l'évêque au roi de France, le 28 avril 1255.

La quatrième est une charte de Philippe-Auguste, datée de Montreuil-Bellay en Anjou, 1208, et contenant concession de priviléges audit évêque.

La cinquième est un vidimus de la charte précédente par Philippe le Hardi.

Les suivantes sont tous actes en latin, concernant les fois et

1. Note communiquée par M. L. Delisle.

hommages dus à l'évêque ou par lui ; et les rapports dudit évêque avec Simon de Montfort, qui, en vertu des lettres du roi de France données à Melun en 1216, avait été mis en possession des domaines et fiefs de Raimond, comte de Toulouse. La vingt-deuxième charte contient le serment de fidélité de la ville et commune d'Alais (de *Electo*) au roi de France, en novembre 1240.

Enfin la vingt-quatrième est intitulée : *De exponssione Isarni de sancto Paulo et de Podio Laurencio et castri de santo Paulo ad voluntatem domini regis* (Louis , roi de France). Elle porte pour date : *apud S. Paulum, XVIII kal. junii.*

XII. ÉVÊCHÉ DE TOUL.

Musée britannique, Mss. Harley. N° 4465.

Folios 253 à 321, et 374 à 412 : *Copies, extraits et analyses de cartulaires, titres et traités concernant l'église de Toul, en Lorraine.*

In-folio. Papier. 107 folios. Écriture du dix-septième siècle. Plusieurs centaines de chartes du neuvième siècle au quatorzième.

Ce manuscrit, qui contient reliés ensemble, sans ordre méthodique, des notes et des documents relatifs à l'église de Toul, est assez difficile à consulter, et même à lire pour la partie principale, qui se rapporte au dix-septième siècle, dont l'écriture est très-fine et le papier fort mal collé.

Voici, pour la portion du manuscrit qui appartient au dix-septième siècle, l'indication précise des chartes que nous y avons reconnues sur l'évêché de Toul :

1° Aux folios 285-292, une cinquantaine de copies ou extraits, et à peu près autant d'analyses de bulles et chartes des douzième, treizième, quatorzième siècles , *ex libro Privilegiorum ecclesiæ Tullensis.*

2° Aux folios 318-321 , six copies de chartes du treizième siècle.

3° Aux folios 374-412 , un grand nombre de copies (je ne les ai pas comptées, faute de temps), de chartes du onzième au quatorzième siècle.

Cette dernière partie est intitulée : *Transcriptum seu Copia*

*ac summarium plurimorum, eorumque antiquiorum, ecclesiæ
Tullensis privilegiorum.*

Au milieu des parties qui sont relatées plus haut (fol.
322-334), on a relié une notice historique sur l'abbaye de Saint-Léon
de Toul, écrite en latin, dressée suivant le plan adopté par la
congrégation de Saint-Maur, et qui mérite d'être signalée, si
elle n existe pas à la Bibliothèque impériale.

Dans le même manuscrit, fol. 559-566, je trouve aussi un ca-
hier de 8 feuillets, écrit à la fin du quinzième siècle, contenant
8 pièces, de 1049 à 1471, savoir : 3 bulles, dont 2 de Léon IX
(1049-1053), et la 3° de Pascal II (1113); et 4 chartes épisco-
pales, de 1182 à 1471.

XIII. Abbaye de Commercy en Barrois.

Musée britannique, Mss. Harley, N° 4465, fol. 555-558.
*Copie collationnée de chartes concernant l'abbaye de Commercy,
en Lorraine.*
Mst. en papier, de 4 folios, écrit en 1484.
4 chartes des années 1134, 1188, 1228, 1235.

XIV. Abbaye de Montebourg en Normandie.

Musée britannique, Addit. Mss. N° 15605.
Cartulaire de l'abbaye de Montebourg, en Normandie, 1452.
In-folio en parchemin de 30 feuillets écrits, en 1452, pour
les fol. 1-24; vers 1460, pour les suivants. — 32 pièces, sans
compter les chartes des rois d'Angleterre, ducs de Normandie,
comprises dans les vidimus, dont quelques-uns en renferment
3,4 et même 6. En revanche, plusieurs pièces sont mutilées, et
et d'autres en doubles. La date de ces pièces est comprise entre
1080 et 1460.

Au folio 24 du Mst, on lit : *Iste liber est monasterii de Mon-
tisburgo, ordinis sancti Benedicti, Constanciensis diocesis, quem
reverendus pater Guillermus dictus Guerin, ejusdem monasterii
abbas, conscribi fecit per religiosum virum fratrem Symonem
Maubert,dictimonasteriicommonachum,anno DominiMCCCCLII.*

La seconde partie de ce cartulaire, folios 25 à 30, est de la
même main, et elle a été écrite peu de temps après la première, à laquelle elle a été annexée. Les pièces qu'elle renferme sont toutes

19

relatives aux droits d'usage et de chauffage des moines dans les forêts royales.

Au bas de chaque copie de charte on lit : *Collation faite*, avec les signatures *G. Le Valois* et *H. Lesanc.* Quelquefois la formule de certification est plus longue.

La conservation de ce manuscrit est assez bonne, tant pour le parchemin que pour l'écriture, formant aussi une seule colonne, et contenant de 39 à 49 lignes par page. Cette écriture est, du folio 8 jusqu'au 19ᵉ, plus fine et plus serrée qu'au commencement du cartulaire, mais sans cesser d'être nette et bien lisible. L'initiale de chaque charte est enluminée et encadrée ; les couleurs sont le rouge et le bleu.

A partir du folio 21. vᵒ, le premier mot de chaque pièce est écrit en plus gros caractères.

A partir du folio 25, chaque charte ou acte est précédé d'une analyse, faite aussi par Simon Maubert, qui a écrit tout ce cartulaire. La première lettre de la charte qui est en tête de de cette seconde partie est la plus grande et la plus ornée de tout le volume.

Le catalogue du Musée britannique donne la description suivante de ce manuscrit :

« Fragment of the Cartulary of the Benedictine abbey of St-Mary of Montebourg in Normandy, diocese of Coutances, containing copies of charters from kings of France, *viz.*, Philip III, Philip IV, Louis IX, Louis X and Charles VI; reciting in many instances and confirming grants from William I, Henry I and Stephen, kings of England, as well as from various noblemen of France and England ; also of charters of Edward (III) king of England (comprising one of Henry I), Richard bishop of Coutances, 1157; sir Robert le Chamberlenc, seigneur de Tencarville, 1295, and others ; together with an account of the monastery, 1447, and certificates of their rights in the forests of Normandy and Picardy, 1402-1460. Every instrument is certified as collated with the original by N. Le Sanc, and Guillaume Le Valois, who affix their signatures, and who, at fol. 10, sign a further certificate of the authenticity of the documents here transcribed, dat. 9 Sept. 1452. A note at the foot of fol. 24, B, states that this book was written by Simon Maubert, one of the monks, at the command of William Guerin, abbot, in the same year, 1452. Portions of the volume are wanting after ff. 8, 9, 15 and 16. In *Latin* and *French*. On vellum. Folio. »

2.

Voici la table sommaire des pièces qu'il contient :

1381, mai. — Charles VI : Vidimus et confirmation d'un autre vidimus et confirmation, par un de ses prédécesseurs Louis X (1315), d'une charte de Henri, roi d'Angleterre, datée de Caen, et contenant énumération des domaines et droits qu'il donne à l'abbaye.

1307, juillet. — Philippe le Bel : Confirmation des droits dans la forêt de Brix.

1317, octobre. — Philippe V : sur le même objet.

1276, septembre. — Philippe III : Amortissement de cens en bled.

1294, décembre. — Philippe le Bel : Vidimus et confirmation d'une lettre de Laurent Herout, son clerc et député (1294, août), qui amortit divers cens et revenus de l'abbaye.

1299, juillet. — Philippe le Bel : Confirmation de droits dans la forêt de Brix.

1315, juin. — Louis X : Vidimus des chartes de : 1° Petrus de Caisneio; 2° Alienor, uxor defuncti Roberti de Haia; 3° Willermus de Revers ; 4° Christianus Cambellanus (1284); 5° le vicomte de Valoingnes (1284); 6° Guillelmus Mansel senior et Guillelmus Mansel junior, fratres (1283).

.... Philippe VI : Confirmation des lettres par lesquelles Godefroy le Blont, bailli du Cotentin, a vidimé deux mandements de Charles le Bel, le premier du 10 octobre 1326.

XIVᵉ siècle. — Fragment, sans queue ni tête, d'un acte écrit en français.

Fin d'une charte d'un roi d'Angleterre, dans laquelle sont énumérés de nombreux témoins.

1315, juin. — Louis X : Vidimus d'une charte d'Étienne, roi d'Angleterre (1136), contenant diverses donations et confirmations.

1268, mars. — Saint-Louis : Vidimus d'une charte, sans date, de Henri, roi d'Angleterre.

1280, juin. — Philippe le Hardi : Vidimus de la charte précédente.

1315, juin. — Louis X : Vidimus de quatre chartes de Henri, roi d'Angleterre.

1381, avril. — Charles VI : Vidimus de la pièce précédente.

1157. — Richard, évêque de Coutances : Énumération des dons faits à l'abbaye (la fin manque)

12 juillet, Xᵉ année du règne. — Édouard III, roi d'Angleterre : Vidimus de deux chartes du roi Henri ?

1417, avril. — Aveu et dénombrement rendus au roi pour le tempo⁻

rel de l'abbaye. — Réception dudit aveu par le vicomte de Valognes.

1451, septembre. — Aveu des religieux pour leurs domaines du Bessin.

1451, février. — Réception de l'aveu et du serment de l'abbé Guillaume, à la chambre des comptes.

1280, juin.— Philippe le Hardi : Vidimus d'une charte de Guillaume le Conquérant.

1290, décembre. — Le bailli du Costentin.

1295, janvier. — Robert le Chamberlenc, seigneur de Tanquarville.

1300, septembre. — Le bailly du Costentin : Amortissement du fief et seigneurie de Saint-Floscel.

1402, 26 mai. — L'enquesteur des eaux et forêts du roy en Normandie et Picardie : Reconnaissance des droits de l'abbaye dans les forêts du Cotentin, et vidimus de sept chartes des rois de France et d'Angleterre.

1402, octobre. — Guillaume, comte de Tancarville, vérifie les lettres du susdit enquesteur.

1412, 20 mars. — Robert de Pelletot, chevalier, maître des eaux et forêts du roy en Normandie et Picardie : Reconnaissance des droits de l'abbaye.

1459, juin. — Pierre de Cuignat, écuyer, aussi maître des eaux et forêts : Droits d'usage de l'abbaye.

1337, juillet. — Philippe VI : Forêt de Brix.

1317, octobre. — Philippe V : Forêt de Brix.

1460, octobre. — Tyebault le Letteron, lieutenant du susdit Pierre de Cuignat : Reconnaissance des droits de l'abbaye.

Au folio 30 verso est la copie, faite à la fin du siècle dernier, d'une note portant la date de 1758, et concernant les reliques de l'abbaye.

La plupart des pièces anciennes de ce cartulaire se retrouvent dans un cartulaire plus considérable de l'abbaye de Montebourg, conservé au château de Plein-Marais (Manche) [1]

1. Note communiquée par M. L. Delisle.

XV. Abbaye de Saint-Acheul, en Picardie.

Musée britannique, Addit. Mss. N° 15604.
Cartularium abbatiæ Sancti Acheoli juxta Ambianum.
In-4°, — parchemin, pour les folio 1-155, sauf les intercala-
tions signalées plus bas ; papier 156-192. — 192 folios écrits.
Avant le foliotage actuel, il y en a eu deux autres, en chiffres
romains. Le dernier, qui présente des corrections assez nombreuses, est celui dont les lettres sont les plus petites. — Écriture
du XIV° siècle pour les folios 2-152 (Cartulaire), — du XVII°
siècle pour les feuillets de papier 1, 153-192, qui y ont été an-
nexés. — 189 chartes, de 1087 à 1307 pour le cartulaire, et
jusqu'en 1370, avec l'appendice.

Ce manuscrit est relié en veau rouge et d'une bonne conservation, tant pour l'écriture que pour le parchemin, dont les quelques feuillets endommagés ont été restaurés avec le plus grand
soin. Pour relier l'appendice avec le cartulaire, il a fallu en
rogner ou plier les feuillets.

L'écriture paraît, pour le cartulaire, appartenir à la même
main. Elle est assez grosse, facile à lire, élégante et disposée
en pleine page de 30 lignes chacune.

Le sommaire de chaque charte et son initiale sont en rubrique,
de même que le titre courant des chapitres sous lesquels les
actes sont classés. En général, la première lettre de chaque chapitre est enluminée.

Il manque à ce manuscrit trois folios, qui étaient cotés anciennement cxxviii, cxxxvi et cxlvi. Par compensation, en faisant relier le volume, on a malencontreusement inséré, dans
le cartulaire même, deux feuillets de papier sur lesquels sont
collées des notes insignifiantes, qui ont d'ailleurs l'inconvénient
d'interrompre l'ordre et la suite établis parmi les chartes. Ils
portent les numéros 32 et 52 dans le foliotage nouveau du Mst.
Il serait d'ailleurs facile de faire disparaître cet inconvénient,
puisque ces derniers numéros n'ont été tracés qu'au crayon.

Plusieurs transpositions de feuillets ont aussi été malheureu-
sement faites, et nous les signalons par les numéros du foliotage
moderne; ainsi, le 145° devrait suivre le 146°, et surtout
le 152° doit venir après le 150°. Cette dernière rectification est
d'autant plus importante que le folio 152, écrit de la même

main que tout le reste du cartulaire, contient une charte de l'an 1307, dont le titre courant, *Littera episcopi Ambianensis Nova*, donne la date, au moins approximative, de ce manuscrit. En outre, il faut revenir du folio 152 verso au 151e recto pour avoir la fin d'une pièce copiée à la suite de la charte de 1307. Les feuillets et cahiers de papier reliés avec le cartulaire contiennent notamment, en tête du volume, diverses notes en français sur la date et l'authenticité de ce Mst, ainsi que la table d'une partie de son contenu; et à la fin, 1° l'extrait de la sentence du 15 juillet 1522 qui autorise le présent cartulaire; 2° copie de trois de ses chartes; 3° arrêt portant homologation du concordat passé entre l'abbé Charles de la Grange et ses religieux, 10 juin 1655, pour servir à M. Nicolas Lestocq, docteur de Sorbonne abbé de Saint-Acheul, contre les chanoines réguliers de ladite abbaye.

Le cartulaire est divisé en dix chapitres, plus l'appendix.

I. *Littere papales*, folios 2-5; onze bulles.

II. *Littere archiepiscopales*, fol. 6, verso et 7, deux chartes de 1097 et 1145.

III. — *Episcopales*, fol. 7 v°-31, trente-huit chartes, de 1005 à 1296.

IV. *Littere compromissorum*, fol. 31 v°-57, trente-deux chartes, de 1173 à 1296.

V. *Littere, compromissa, sentencie officialis*, fol. 57-70. Nombreuses pièces relatives à un procès contre l'abbaye et le bailli d'Abbeville, en 1256 et 1257.

VI. *Sentencie et littere officialis*, fol. 70-111. Soixante-quatorze pièces, de 128 à 1303.

VII. *Littere regum*, fol. 112-114, six chartes de 1281 à 1299.

VIII. *Littere comitum*, fol. 115-116 v°, cinq chartes de 1239 à 1289.

IX. *Littere militum*, fol. 116, v°-146, soixante-dix chartes, de 1203 à 1289. Plusieurs sont en langue vulgaire, la plus ancienne est de l'an 1258.

X. *Chirograffa*, fol. 147-150, huit pièces de divers personnages, de 1226 à 1287; quelques-unes en langue vulgaire la plus ancienne de 1251. La dernière charte, septembre 1260, est du maire et des échevins d'Abbeville [1].

Appendix, fol. 151 et 152, quatre pièces, de 1270 à 1322.

1. Ego Firminus de Rogehan, major, et scabini Abbatisville, notum facimus uni-

Les archives de la Somme possèdent une copie du cartulaire de Saint-Acheul, sur le premier feuillet de laquelle il est écrit que l'original a été perdu vers 1744[1].

XVI. LÉPROSERIE DE BOLLEVILLE, EN NORMANDIE.

Musée britannique, Addition Mss. N° 17307. Acquis, le 12 février 1848, de Boone. *Cartulaire du prieuré de Bolleville en Normandie.* 1436. (Léproserie de Bolleville ; diocèse de Coutances.) In-4° en parchemin. — 55 folios écrits. — Collationné en 1436, 1459 et 1467-68, sauf deux pièces, transcrites après 1471 (folio 47 et 54 v.), qui ne sont ni signées ni visées. — 118 pièces du milieu du douzième siècle à l'année 1471. Conservation parfaite. L'écriture, disposée en pleine page, chacune de 31 lignes, est un peu fine, mais très-belle pour la première partie, dont toutes les chartes commencent par une majuscule en encre rouge. La première est plus ornée.

En tête du Mst on lit : *Cy ensuyt la declaration et double de pluseurs chartries, lettres, roules et ensignemens de partie des droytures appartenantes a la priourey de Bolleville, iceuls chartries et ensignemens veus, visités et collationnés aux originaulx par Jehan Amechin, tabellion en siege de Lessey, le XVIIIe jour de septembre l'an mil CCCCXXXVI; ayncy que les teneirs ensuient, premierement :* Notum sit omnibus.

Nous avons remarqué dans ce manuscrit :

versis presens cirographum inspecturis, quod, cum murus firmitatis nostre qui est retro tenementum virorum religiosorum abbatis et conventus Sancti Acheoli juxta Ambianum, situm ante atrium Sancti Sepulchri, inter tenementum Petri de Mousterolo et tenementum Wlfranni Clabaut, ruina frangeretur, de consilio proborum virorum et assensu nostro communi interveniente, inter nos et dictos abbatem et conventum, taliter est ordinatum quod ipsi dictum murum fractum, prout retro tenementum suum predictum protendit, ad sumptus suos proprios reficere seu reparare tenentur de cetero ad usus omnes suos tam supra dictum murum quam juxta faciendos competenter, retenta et nichilominus omni juriditione quam in dicto muro usque nunc habuimus, sicut in aliis firmitatibus ville nostre Abbatisville, pro utilitate et defensione communitatis nostre faciendis. In cujus rei testimonium et munimen, presens chirographum fecimus annotari ; cujus unam partem dictis abbati et conventui, ad utilitatem et defensionem suam, tradidimus observandam, et alia pars penes nos, ad deffensionem nostram similiter, sigillo dictorum abbatis et conventus roborata, remansit observanda.

Actum est hoc anno Domini MCCLX°, mense septembris, per manum magistri Johannis.

1. Voy. *Catalogue des Cartulaires des archives départementales*, p. 15.

N° 1 : Titre de fondation par Richard de la Haie, du temps d'Algare, évêque de Coutances.

N. 2 : Charte de Richard du Hommet.

N. 4 : Charte de Richard, évêque de Coutances, en 1157.

N. 5 : Charte de Hugues, archevêque de Rouen.

N. 6 et 33 : Chartes de Henri II.

N. 7 : Charte de Guillaume du Hommet, 1239.

N. 19 : Charte de Girard de Canville.

N. 76 : Bulle du pape Honoré III.

N. 80 : Charte de Guillaume de Mortemer, en 1292.

SECONDE PARTIE.

I. Cambray.

Charte originale de l'an 1145. *Additional charters*, n° 5857.

II. Compiègne.

Necrologium abbatiæ S. Johannis in Bosco ab anno circiter 1224.

Beau manuscrit original du treizième siècle, in-4°, en parchemin, de 27 folios, provenant de la collection Joursanvault, lot 927.

Il a servi à recevoir des notes nécrologiques jusque vers l'année 1528 (v. fol. 9). Au folio 6, vers la fin du quatorzième siècle, on a écrit, sous la date du XIII kal. aprilis : « Obiit Johannes comes de Tancarvilla, qui temporibus suis fecit magnam elemosinam in honore B. Johannis Baptiste, patroni istius monasterii. » *Additional Mss.*, n° 11534.

III. Coutances.

Histoire ecclésiastique du diocèse de Coutances, contenant la vie des évêques de ce lieu et ce qui s'est passé de plus remarquable sous l'épiscopat de chacun (par Toustain de Billy).

Volume in-folio, en papier, de 313 feuillets, relié en veau rouge ; écrit par six ou sept mains différentes, entre lesquelles la copie du manuscrit original paraît avoir été partagée.

L'histoire commence avec le pontificat de S. Ereptiol et S. Exupérat, au quatrième siècle, et s'arrête en 1708 à celui de Charles-François de Loménie de Brienne.

A la suite, on a relié une copie, en deux feuillets cotés 312 et 313, de la lettre par laquelle l'évêque Robert de Harcourt fonde, le 6 janvier 1303 (vieux style), dans son église cathédrale, les trois chapelles de Saint-Louis, de Saint-Gilles et des Docteurs. *Harley*, n° 4599.

IV. Fécamp (Abbaye de).

« Temporalia abbatiæ de Fiscanno in diocesi Londinensi, anno 1291.» *Harley*, n° 60, art. 72.

V. Lire (Abbaye de), en Normandie.

Conventio cum abbate de Linterna super decimis infra parrochiam de Tudeham, anno 1291. *Arundel*, n° 19, fol. 33.

VI. Neuville au Temple (Commanderie de) en Champagne.

« C'est le registre appelé Denisot, ouquel sont contenus et déclairez les droitz, seignories, cens, rentes, revenues, possessions et aultres héritaiges appartenans et appendans à la commanderie de Neufville au Temple..., assis... ou diocese de Chaalons, en Champaigne, comme ailleurs. »

In-4; papier, 144 feuillets. Copie faite, au quinzième siècle, sur l'original qui remontait à l'année 1231. *Additional Mss.*, n° 1730.

VII. Nîmes.

Obituarium monasterii Sancti Egidii, diocesis Nemausensis.
Provient de la bibliothèque des Frères Prêcheurs de Chambéry, et a été acheté à Payne et Foss, le 12 juin 1847.

Petit in-folio long, relié en velours bleu, écrit sur parchemin magnifique, 63 folios.

L'obituaire occupe les folios 1-21, r°. Il ne contient que des noms, dont les derniers écrits sont du quinzième siècle, mais qui, pour la plupart, remontent au douzième.

Aux folios 21 v°-61 v°, est copiée la règle de S. Benoît. En tête est une belle miniature, de grandeur moyenne et à fond d'or, qui représente saint Benoît remettant sa règle à saint Maur, derrière lequel sont les deux moines envoyés avec lui en France. Saint Benoît est assis à gauche. Sa main droite, baissée, tient un rouleau; l'autre, dont les doigts sont fermés, sauf l'index, est élevée. La figure du saint est belle et vénérable. Il a les cheveux, ainsi que la barbe, blancs et écourtés, et porte la tonsure comme les trois autres personnages. Sa robe est couleur bleu foncé; celle de saint Maur est violette. Ses deux compagnons sont vêtus, l'un en rouge, l'autre en blanc. Ils sont debout, mais inclinent respectueusement la tête. Saint Maur est représenté dans la force de l'âge. La physionomie de ses deux compagnons est plus jeune.

A la fin de la règle, se trouve l'inscription suivante, en capitales majuscules, avec l'M oncial, lettres doublées et abréviations. La première ligne, dont les lettres sont une fois plus grandes que les autres, est en encre verte, ainsi que la troisième et la cinquième. La seconde et la quatrième ligne sont écrites en rouge.

Ad honorem Sancti Egidii,
Petrus Guillelmus fecit hunc
librum in tempore domni Petri
abbatis, anno incarnati verbi MC
XXVIIII, regnante Lodoico rege.

Une note au crayon de sir Fred. Madden, placée sur la feuille de garde en parchemin, porte qu'un autre manuscrit de la même main existe dans le fonds des *Addition. Mss.*, n° 16918.

Au folio 62 v°, sont rapportées quatre concessions de messes et trentains, remontant au douzième siècle. Le soixante-troisième et dernier contient, au recto, une bulle du pape Lucius II, datée de Velletri, le jour des calendes de février, adressée à l'abbé Ermenganus, et maintenant, sans tenir compte de l'appel formé par ses moines, la discipline établie par ledit abbé. Sur le verso sont des actes, en partie effacés et illisibles, qui se rapportent à l'an 1276, et concernent les services religieux faits pour les bienfaiteurs du monastère. *Addit. Mss.*, n° 16979.

VII. PARIS.

1. Table ou ample notice des trois cartulaires de l'archevêché de Paris, des deux cartulaires de Saint-Magloire et du cartulaire

de Saint-Maur des Fossés, contenant un exact extrait de toutes les pièces qui y sont contenues. »

Manuscrit du dix-huitième siècle, in-fol., en papier de 230 folios, relié en veau avec armoiries, provenant de la collection Joursanvault, lot 1039.

Archevêché de Paris. Grand cartulaire, fol. 1-55; petit cartulaire, fol. 55 *bis* v°-100 ; troisième cartulaire, fol. 101-122.

Abbaye de Saint-Magloire. Grand cartulaire, fol. 123-157; petit cartulaire, fol. 160-167.

Abbaye de Saint-Maur-des-Fossés. Cartulaire (écrit en 1284 par le prévôt Guillaume, d'après le commandement de l'abbé Pierre), fol. 168-229.

Au folio 230, on trouve un commencement de Table du cartulaire du prieuré de Saint-Éloi (de Paris) et la copie d'une charte du roi Louis VI (le Gros), de l'an 1114.

En ce qui concerne l'archevêché de Paris, ces Tables sont aujourd'hui insignifiantes, grâce à la publication de ces cartulaires par M. Guérard ; mais elles pourraient être utilement consultées pour bien faire connaître ceux de Saint-Magloire et de Saint-Maur, dont elles donnent, indépendamment d'analyses détaillées, une table alphabétique des chartes. (*Addit. Mss.*, n° 11535.)

2. Voici la traduction textuelle de l'article consacré à ce manuscrit dans le catalogue du *Musée britannique :*

« Chronique de l'abbaye de Saint-Martin des Champs, à Paris, en vers français, contenant des copies de trois chartes, octroyées par Henri Ier et Philippe Ier (rois) de France, (écrite) sur vélin au onzième siècle, accompagnée d'une copie moderne et d'une lettre de M. le comte de Bastard à M. Techener, ayant pour but de justifier le dommage causé au manuscrit. »

Cette lettre se rapporte à une polémique contre M. Champollion-Figeac, alors conservateur au département des manuscrits de la Bibliothèque royale. On ne peut attribuer qu'à une distraction le mot *français* (french verse), appliqué au texte de cette chronique, qui est écrite en latin.

C'est un in-4° en parchemin, de 5 feuillets.

Au point de vue artistique, ce manuscrit est très-curieux. On y trouve des dessins au trait qui représentent des monuments, ainsi que des personnages, entre autres saint Martin, les rois de France, Henri Ier et Philippe Ier, accompagnés d'un grand nombre de clercs et laïques.

Il y a une lacune entre le premier feuillet du manuscrit coté actuellement 4, et le deuxième.

Des trois chartes, insérées dans le texte de la chronique, l'une est du roi Henri, les deux autres de son fils Philippe.

Elles sont imprimées dans l'*Histoire de Saint-Martin des Champs*, par Marrier, et dans la *Gallia Christiana* (vol. VII, Instr.). Ce manuscrit a été vendu par Techener, le 16 novembre 1839. Il provient de la collection Joursanvault, lot 1035. *Addit. Mss.*, n° 11662.

IX. SAINT-BERTIN (Abbaye de), à Saint-Omer.

« De Societate inita cum ecclesia Cantuariensi. » *Arundel*, n° 68, f. 71.

X. TROYES.

1. Compte de l'Hôtel-Dieu de Saint-Nicolas de Troyes. *Add. Mss.* 14855.

2. Necrologium ecclesiæ Trecensis.

In folio, parchemin; quatorzième siècle, avec quelques additions; 58 folios; mais incomplet des sept derniers jours du mois de décembre. *Ibid.*, n° 15802.

3. Recueil de comptes de la cathédrale et de l'Hôtel-Dieu de Troyes.

Fol. 1-15. Compotus cellarii ecclesiæ Trecensis pro uno anno a Nativitate S. Johannis, 1298-1299. Reliquiæ compotorum ab anno 1386 ad 1397.

Fol. 16-28. Compotus ejusdem, anno 1302-1303.

Fol. 29-34. Compotus Domus Dei S. Nicholai Trecencis pro uno anno a festo B. Gregorii, 1304-1305.

Fol. 35-40. Compotus ejusdem, 1305-1306.

Fol. 41-45. Compotus ejusdem, 1306-1307.

Fol. 46-76. Compotus cameræ Trecensis ecclesiæ a festo B. Petri et Pauli anni 1346, pro uno anno.

Fol. 77-99. Compte de recette et de dépense de l'évêché de Troyes pour un an, à partir de la Saint-Jean, 1365.

Fol. 100-105. Compte de la dépense pour les causes de l'é-

glise de Troyes pour un an, à partir de la Saint-Pierre, 1394.
Fol. 106-159. Compte de récette et de dépense pour l'œuvre
de l'église de Troyes, pour un an, à partir du dimanche après
la Madeleine, 1401.

Fol. 163-183. Autre compte pour le même objet, à partir du
même jour, 1409.

Fol. 184-215. Compte du cellier de l'église de Troyes pour
un an, à partir de la Saint-Jean, 1415.
In-folio en parchemin, de 215 feuillets. *Ibid.*, n° 15803.

4. Compotus censuum, laudum et ventarum ecclesiæ Trecensis
pro uno anno a festo S. Remigii anni MCCXLII. In-folio, parchemin, 94 feuillets. *Ibid.*, n° 15804.

5. Recepta census Testardi de Maignillo, soluti Trecis, die
festi S. Remigii. In-fol. parchemin. 58 feuillets. *Ibid.*, n° 15805.

6. Compte de la fabrique de l'église de Saint-Étienne de
Troyes pour un an, à partir du 1ᵉʳ juillet 1401. Folios 1-42.
Compotus fabricæ ecclesiæ S. Stephani Trecensis, a prima die
julii MCCCLXXI°, pro uno anno. Fol. 43-66.
In-fol., parch., 66 feuillets. *Ibid.*, n° 15806.

7. Compotus executionis (testamenti) bonæ memoriæ Adæ de
Bruillicuria, quondam decani majoris ecclesiæ Trecensis, et
Sanctorum Stephani et Urbani, ecclesiarum Trecensium, cano-
nici. In-fol., parch., 24 feuillets. *Ibid.*, n° 15807.

8. Compte des biens de feu Jean Guéraut, chanoine de Saint-
Pierre et Saint-Étienne de Troyes, rendu audit chapitre par ses
exécuteurs testamentaires, 1379. In-fol., parch., 23 feuillets,
Ibid., n° 15808.

9. Compte de la grand'chambre de l'église de Troyes, pour
un an, à partir de la Saint-Pierre et Saint-Paul, 1401. Grand
in-fol., parch., 53 feuillets. *Ibid.*, n° 15809.

10. Compte de cellier de l'église de Troyes, pour un an, à
partir de la Saint-Jean, 1403. In 4°, parch., 33 feuillets, in-
terfoliés de papier, par Monteil, avec mauvaise copie. *Ibid.*,
n° 15810.

11. Compte du cellier de l'église de Troyes, pour un an, à
partir de la Saint-Jean, 1416. In-4°, parch, 82 folios. *Ibid.*,
n° 15,811.

12. Testament d'Étienne de Givry, évêque de Troyes, 26 avril
1426, et compte relatif à son exécution, clos le 24 novembre
1429. Grand in-fol., 34 feuillets. *Ibid.*, n° 15812.

TROISIÈME PARTIE.

I. Abbaye de Fontevraud.

Conservé avant 1820 dans les archives de Maine-et-Loire, qui possèdent encore aujourd'hui les neufs premiers feuillets, la table alphabétique et la reliure (Voir *Archives d'Anjou*, vol. 1, pages 210 et suiv.), ce cartulaire fait maintenant partie de la bibliothèque de sir Thomas Phillipp's, baronnet, à Middle-Hill, Worcestershire, et il y est classé sous le n° 67. Il a été acheté vers 1822 au sieur Royer de Paris, avec le Livre Noir de Saint-Florent. Son véritable titre est : *Pancarta et Cartularium abbatissæ et ordinis Fontis Ebraudi*, ou *Grand Cartulaire*.

Aujourd'hui il est intitulé, au dos de la reliure : *Cartulaire original des anciennes fondations pieuses de Fontevraud* †, *sur vélin, manuscrit du onzième siècle, unique*.

C'est un grand in-folio, haut de 0^m,39, et large de 0,27. Le parchemin est beau et fort. Il y a 137 feuillets, cotés à la fin du dix-septième siècle, pages 257-530 ; et plus anciennement (en chiffres romains), folios 136 à 269. Le folio 163 est en blanc. Le manuscrit est composé de cahiers de 4 feuillets doubles, ou quaterniers. Les quatre premiers sont numérotés xviii-xxi ; les suivants, à partir du folio 174, i-xiiii.

L'écriture remonte, pour la plupart des chartes, au milieu du douzième siècle. Les vingtième et vingt-unième quaterniers, fol. 157-161, sont du commencement du treizième, et de la même main que les neufs feuillets conservés à la préfecture. Les copies les plus récentes sont du quatorzième siècle : fol. 156 v° (charte de l'an 1150), 161 et 162. Le nombre des chartes est de 361, numérotées anciennement en marge, par le P. Lardier, 572 à 915, plus le titre en rubrique de la 362ᵉ. Les anciens numéros, auxquels se rapporte la table alphabétique, ont été grattés par le sieur Royer, ainsi que les chiffres des pages, sans doute pour faire croire que le cartulaire était complet ou à peu près. On n'y trouve pas une seule charte française. La plus ancienne est de 1105 environ, et la plus moderne de 1322.

Du temps du P. Lardier, et probablement jusqu'à la suppression de l'abbaye et au bouleversement de son magnifique chartier, ce cartulaire se composait encore de 265 feuillets, paginés 1-530. Aujourd'hui il ne se trouve plus que 137 feuillets ou 274 pages. Sir Th. Phillipp's possède donc seulement un peu plus de la seconde moitié de la regrettable Pancarte dont je n'ai pu découvrir que les dix-huit premières pages dans un des greniers de la préfecture. Quoi qu'il en soit, et malgré la faveur éclairée et hospitalière avec laquelle le noble baronnet de Middle-Hill a bien voulu accueillir ma demande d'en prendre copie, la perte de ce fragment du cartulaire de Fontevraud n'en est pas moins déplorable pour l'Anjou.

Celui qui a volé ce manuscrit a cherché et réussi à détourner l'attention de l'archiviste, M. Jubin-Dedouvres, par le même moyen dont il a usé pour le Livre Noir de Saint-Florent, près Saumur. La couverture, avec les quelques feuillets détériorés par l'humidité et ceux dont l'écriture paraissait trop récente, ont été laissés à la préfecture. Tout ce qui semblait avoir une valeur mercantile est passé dans les mains du sieur Royer. C'est lui qui a fait relier les 137 feuillets du cartulaire de Fontevraud, en leur donnant le titre reproduit ci-dessus.

L'état de ce manuscrit ne laisse rien à désirer. L'écriture est disposée en pleine page, dont chacune contient, suivant les cahiers ou quaterniers, 17, 19 et 22 ou 23 lignes. Pour le XXIe, il y en a 33; pour le XXe de 37 à 40. Elle est partout belle et régulière, quoique plus ou moins grosse. On croit reconnaître la même main pour les quaterniers II-VI; XVIII et XIX (folios 136-150 et 172-204). Les lettres y sont de petite dimension, avec des hastes très-hautes. Les majuscules se rapprochent du type carlovingien. Souvent elles ont été employées pour écrire en entier les noms vénérables de *Robertus* et *Petronilla,* celle-ci première abbesse, celui-là fondateur de Fontevraud. Pour les autres quaterniers et feuillets, j'ai cru reconnaître cinq ou six mains différentes. Dans les quaterniers I, IX-XIV, l'écriture est plus grosse, et présente des lettres à hastes ondulées, ornées de traits en spirale. Ces divers caractères, et l'emploi de l'écriture allongée pour un grand nombre de rubriques et de dates, seraient de nature à faire attribuer le cartulaire de Fontevraud au commencement du douzième siècle et même à la fin du onzième, si les chartes elles-mêmes n'en fixaient la date.

En général, les pièces ont des rubriques ou titres, sauf du folio 157 au 162e. Un grand nombre de ces pièces sont accompagnées de notes marginales, souvent importantes pour la topographie, et pour lesquelles chaque siècle a apporté sa coopération, depuis le treizième jusqu'au dix-septième. On reconnaît facilement dans quelques-unes la main du savant P. Lardier. Sur les 361 pièces contenues dans ce cartulaire, 87 ont été copiées par M. André Salmon. Pour mon compte, j'en ai transcrit 226, et j'ai collationné le texte de 48 chartes trouvées, soit à Paris, soit à Angers.

L'orthographe du manuscrit a été scrupuleusement reproduite dans la copie faite sous mes yeux pour les Archives de Maine-et-Loire, sur du papier dont le format est le même que celui des feuillets en parchemin appartenant au cartulaire, et à laquelle j'ai fait ajuster l'ancienne couverture du manuscrit original.

II. Abbaye de Fontevraud.

Prieuré de Westwode, diocèse de Worcester, en Angleterre. Musée britannique, Mss. Fonds Cotton. Vespasien, E. IX. *Registrum cartarum monasterii de Westwode, in comitatu Wigornensi.*

Petit in-quarto, nouvellement relié en cuir de Russie, avec armoiries, et écrit sur parchemin. — 8 feuillets composent le cartulaire, qui est placé en tête du volume. Leurs marges ont été restaurées avec soin. Les folios 1 recto et 8 verso sont restés en blanc. — L'écriture appartient au milieu du XIIIᵉ siècle : après 1226 (voir la 49ᵉ charte). — 67 chartes, en général très-courtes, dont les témoins ne sont pas nommés malgré la formule : *Hiis testibus.* A la suite de plusieurs pièces on a écrit, aussi au XIIIᵉ siècle : *hec carta est in cophino.* 44 de ces pièces ont été imprimées dans la nouvelle édition du *Monasticon Anglicanum*, vol. VI, page 1004.

Manuscrit bien conservé. Bonne écriture, un peu fine et serrée, disposée en pleine page, dont chacune compte 41 lignes. Il n'y a pas de rubriques, mais seulement des indications sommaires placées en tête ou en marge des chartes.

III. Abbaye de Saint-Florent, près Saumur.

De même que le cartulaire de Fontevraud, le Livre Noir était conservé avant 1820 dans les archives de Maine-et-Loire; aujourd'hui il fait aussi partie de la bibliothèque de sir Th. Phillipps, sous le n° 70.

Il est intitulé *Cartularium Sancti Florentii apud Salmurum* (anciennement *Codex vetustarum donationum, Niger nuncupatus*). Au folio 1 recto, on lit, en petites capitales à l'encre rouge : *In hoc corpore continentur antiquorum precepta regum Ludovici, Pipini, Karoli Calvi, de abbatia S. Florentii Glonnensis cœnobii seu de alio cœnobio quod constructum est in loco qui dicitur Salmurus, a Teutbaldo comite.*

C'est un in-folio ayant en hauteur 0^m 31, et en largeur 0^m 233. L'écriture est disposée sur deux colonnes dont chacune a 31 lignes.

Il se compose de 141 feuillets en parchemin beau et fort. Les deux derniers sont mutilés. Il manque au 140e 5 ou 6 lignes dans l'angle inférieur, et au 141e la 2e colonne du recto, ce qui rend incomplète la dernière pièce du cartulaire ; heureusement on en trouve le texte en entier dans le Livre d'Argent (fol. 53) et dans le Livre Rouge (fol. 24) (charte de Henri II, roi d'Angleterre et comte d'Anjou). Antérieurement au foliotage, qui remonte au XVe siècle, il existait entre le 8e et le 9e feuillet une lacune qu'on peut remplir à l'aide du rôle de Touraine [1] (charte 9).

La plus grande partie des chartes a été copiée vers le milieu du XIe siècle, 1040-1060. Postérieurement et à différentes époques, diverses mains y ont transcrit, sur les feuillets laissés en blanc par l'écrivain primitif, les actes d'une date plus récente. Les plus modernes se trouvent aux folios 34 recto et verso, 140 verso et 141 recto.

Elles sont au nombre de 290, du 30 juin 824 à 1160 environ.

Ce cartulaire était jadis relié en bois couvert de cuir noir, ce qui l'a fait nommer le *Livre noir* (Codex niger,) pour le distinguer des autres cartulaires de la même abbaye : *Livre blanc, Livre d'argent, Livre rouge.* Afin de dissimuler sa sortie des archives de Maine-et-Loire, l'individu qui l'a volé y a laissé la reliure, après en avoir enlevé le corps du manuscrit. Sir Thomas Phillipp's, le considérant avec raison comme l'un de ses plus précieux volumes et de ceux qui ont fait naître chez lui la passion des manuscrits, à laquelle il a consacré tant de soins,

---

1. Tous ces manuscrits existent dans les archives du département de Maine-et-Loire. V. *Archives d'Anjou*, vol. I et *Catalogue des cartulaires des Archives départementales.*

de temps et d'argent, lui a donné une reliure magnifique, en maroquin rouge doré et gaufré, garnie à l'intérieur de tabis.

L'écriture est partout très-belle, sauf aux deux derniers feuillets, où elle est courue et peu soignée, circonstance qu'aggravent encore l'usure, les taches et la mutilation du parchemin.

Les chartes sont en général précédées d'une analyse ou d'un titre en rubrique. Les initiales de chaque pièce sont aussi généralement en rouge et d'assez forte dimension. Celle de la première charte est surtout belle et soignée.

Les copistes ont reproduit, en fac-simile, les chrismes, monogrammes et croix; même les notes tironiennes des actes originaux qu'ils avaient sous les yeux. Dans la partie ancienne du manuscrit, les souscriptions sont en lettres plus fines. A partir du folio 8, il y a aussi en rubrique des titres courants, qui désignent l'auteur de la charte, le pays ou la localité auxquels elle se rapporte; quelquefois en encre noire, soulignés ou non en rouge. Après le folio 67, ils deviennent plus rares, surtout en rubrique. On voit au bas du verso des folios 67, 75, 83, 91, 99, 102 et 110, le numérotage par quaterniers, depuis X jusqu'à XVI. Il n'y a pas de réclame au verso des feuillets.

Des notes écrites en marge des chartes, soit par dom Huynes, soit par d'autres religieux de Saint-Florent, et même par M. Guémas, l'un de mes prédécesseurs aux archives de Maine-et-Loire, ont été assez grossièrement effacées.

Ce manuscrit offre, dans sa partie la plus ancienne, un spécimen bien curieux de l'art musical au moyen âge. Les *Versiculi de eversione monasterii S. Florentii*, copiés aux folios 6, 7 et 8, ont leurs premiers couplets notés, et sans aucun doute la musique est contemporaine des paroles, qui remontent au milieu du IX siècle. Dom Pitra, bénédictin de Solesmes, et avant lui mon ami et confrère M. André Salmon, de Tours, ont calqué les strophes notées. Quelques extraits du texte ont été publiés, d'après la copie de dom Huynes. (*Hist. Mss. de Saint-Florent*, fol. 31, aux arch. de Maine-et-Loire.) La collation sur le Livre Noir m'a permis de compléter et de corriger ce texte.

La copie des chartes du Livre Noir n'a pas été faite par moi seul. Au mois d'août 1849, M. André Salmon, pendant un premier séjour à Middle-Hill, avait transcrit les pièces qui lui avaient paru se rapporter à l'histoire des serfs et à celle de la Touraine, en tout 62 chartes. Vers le même temps, dom Pitra, enthousiasmé par l'aspect et l'importance d'un document sur lequel j'avais le premier attiré l'attention (*Archives d'Anjou*, vol. 1, pages 227 et suivantes), et encouragé par sir Th. Phillipp's, forma le projet de le publier dans son *Spicilegium Solismense*. Mais, prenant pour bons tous les textes, manuscrits ou imprimés, des pièces que j'avais retrouvées, il ne s'occupa que de celles dont je n'avais fait aucune mention, en cherchant à reconstituer le Livre Noir; encore en laissa-t-il échapper quelques-unes. Ayant appris par les journaux ses projets à l'égard du *Codex Niger*, je me rendis à Solesmes, emportant toutes les copies de chartes faites d'après les textes trouvés à la préfecture et dans la collection de dom Housseau (à la Bibliothèque impériale), ainsi que celles dans lesquelles j'avais complétement reproduit le travail de M. Salmon. En entrant dans l'abbaye, je pensais qu'il me resterait fort peu de chose à faire sur le manuscrit dont la communication m'avait été offerte par sir Th. Phillipp's, à la demande de M. Salmon. Bientôt, en conférant mes textes avec ceux de dom Pitra, je pus reconnaître, et lui faire reconnaître aussi, qu'il s'était un peu avancé en annonçant une publication pour laquelle il lui manquait de nombreux éléments. Nous examinâmes ensemble, et je relevai toutes les pièces qu'il avait copiées in extenso, ainsi que M. Salmon; et je me décidai à limiter mon travail sur le cartulaire à la collation des textes que j'avais découverts, ainsi qu'à la copie de ceux qui nous manquaient même après ce rapprochement. Les chartes imprimées par D. D. Martène, Lobineau et autres, devaient être comprises dans cette transcription. Ce parti avait pour résultat de mettre en évidence la coopération très-importante de mes devanciers à Middle-Hill, de me dispenser d'emporter un surcroît de papiers, dont ma malle était déjà assez remplie, et enfin de me permettre de consacrer au cartulaire de Fontevraud le temps que j'aurais dépensé sur le Livre Noir. Les choses se passèrent comme nous en étions convenus dom Pitra et moi, et avec tous les avantages que je m'en étais promis. Toutefois, en copiant, au mois de novembre 1850, les chartes transcrites par l'infatigable et savant bénédictin, je constatai qu'il s'était trompé en me disant qu'il avait dans son entier la charte 168e (folio 82), dont il n'a guère pris qu'un extrait. Comme il faut tout dire aussi, j'éprouvai un vif regret que dans ses copies il ne se fût pas toujours astreint à suivre, comme M. Salmon et moi l'avons fait, l'orthographe originale. Au fond, ces défectuosités sont fort minimes et par trop scrupuleuses : j'ai dû les signaler, quelle que fût leur portée.

Nous sommes en désacord, dom Pitra et moi, sur le nombre des chartes du Livre Noir. Il en compte 300, et moi seulement 290, parce que j'ai mis sous un seul N° de petites notices placées sous une rubrique commune : par exemple mon N° 90, que dom Pitra divise en 9 articles. Après un examen approfondi, j'ai cru devoir persister dans mon système, d'autant plus que dom Pitra l'a suivi lui-même pour les pièces que j'ai cotées 138, 159 et autres.

En résumé, voici la part de chacun dans la copie des 290 pièces du Livre Noir qui est déposée aux archives de Maine-et-Loire, et reliée dans l'ancienne couverture du manuscrit original :

M. Salmon,   62 pièces;
Dom Pitra,   78 id.;
M. Marchegay   34 copies et 52 collations faites sur le cartulaire.

64 autres pièces, transcrites antérieurement d'après les originaux conservés à la préfecture, n'ont donné lieu qu'à un rapprochement, pour constater leur identité.

IV. Abbaye de Saint-Florent près Saumur.

Prieuré de Saint-Pierre de Sele, diocèse de Chichester, Angleterre (Sussex).

Archives du collége de la Madeleine, à Oxford, auquel ce prieuré fut donné vers la fin du quinzième siècle.

Pas de titre. Turner et Dugdale le nomment *Registrum prioratus S. Petri de Sela.*

Copie des chartes du prieuré, au milieu desquelles sont intercalés divers articles de remembrances et recettes, après les folios 17, 20, 21, 57, 59, 60, sur des feuillets non compris dans le foliotage du cartulaire, fait au quatorzième siècle.

In-quarto en parchemin.

60 folios pour le cartulaire, 4 pour l'index des chartes, placé en tête, 7 pour les remembrances et recettes; en tout, 71.

Le cartulaire a été écrit du commencement du treizième siècle au milieu du quatorzième; l'index et les remembrances, de la fin du treizième à celle du quatorzième siècle.

Il y a de 150 à 155 chartes de la fin du onzième siècle au commencement du quatorzième (1307). Beaucoup de pièces non datées paraissent appartenir au commencement du treizième siècle.

Ce manuscrit, de l'aspect le plus vénérable, possède encore sa reliure primitive, composée de planchettes de chêne recouvertes en peau de daim jadis verte. Les fermoirs n'existent plus. La conservation est bonne, sauf pour le folio 59, qui est très-déchiré. L'écriture, disposée en pleine page, est fine, mais belle et nette. Le nombre des lignes est d'environ 34 à la page, et plusieurs de ces dernières sont restées en blanc. Des analyses sont placées en tête ou en côté des chartes ; quelques-unes en rubrique.

Les difficultés étaient très-grandes pour obtenir, pendant les vacances, l'entrée du chartrier. Il fallait d'abord l'autorisation du proviseur, et elle fut accordée avec la plus grande bienveillance, grâce à la recommandation de MM. Coxe, de la Bodléienne, et Pollen, de Merton-College, auprès du Rev. Th.-Fréd. Smith, du collége de la Madeleine.

L'autorisation obtenue, on ne pouvait en user, d'après les règlements, qu'avec l'assistance de trois professeurs de la maison. Cette condition présentait de grandes difficultés.

Après avoir fait leurs classes avec l'assiduité la plus rigoureuse, les professeurs anglais profitent aussi très-consciencieuse-ment des vacances pour chercher le repos au milieu des lacs d'Écosse, ou de nouveaux sujets d'étude sur le continent. J'en ai eu la preuve au collége d'Eton, près Windsor, où je comptais examiner les chartes des prieurés de Monmouth et de Sporle, qui dépendaient aussi de Saint-Florent, et où, malgré les lettres d'introduction de l'excellent M. Pollen, je n'ai pu voir que les cloîtres et les préaux et l'église, n'ayant rencontré pour tout personnel que le portier et le sacristain.

Enfin au bout d'une heure, et après avoir été frapper à la porte d'une douzaine de ses collègues, M. Smith parvient à s'en adjoindre deux. A l'aspect des trois professeurs en robe, le concierge se met aussitôt en marche, armé d'un trousseau de clefs. Quatre ou cinq massives portes s'ouvrent successivement dans un véritable dédale d'escaliers, et nous pénétrons dans le trésor des chartes, placé au sommet d'une des tours qui forment l'entrée du collége de la Madeleine.

D'abord, je n'osai pas moi-même chercher le manuscrit, objet de mes désirs. Je me tenais à l'écart, parcourant des yeux le vénérable réduit dont l'aspect général et les moindres détails me

reportaient , presque involontairement, aux siècles de Henri VI ,
des cardinaux Wolsey et Pole, et de William de Waynflete, fondateurs ou bienfaiteurs de ce magnifique établissement. Cependant , après vingt ou vingt-cinq minutes de recherches, MM. les
professeurs n'ayant pu trouver le cartulaire de Sele, quoiqu'ils
eussent ouvert toutes les portes des armoires, fait glisser le cou-
vercle de maintes cassettes et chargé leurs robes noires de cette
vieille et bonne poussière qui a sauvé tant de précieux parche-
mins, ils me proposèrent de chercher moi-même, et je me mis
de suite à l'œuvre. J'étais sûr que le manuscrit existait, parce
que, sans parler de ce qu'en dit le *Monasticon Anglicanum*,
sir Thomas Phillipp's l'avait vu peu d'années auparavant, et il
m'avait montré le passage qu'il lui a consacré dans son précieux
Catalogue des Cartulaires anglais. Grâce à la ressemblance que
présentent, pour un œil un peu exercé, les manuscrits qui ont un
même objet ; grâce surtout au bonheur qui accompagne presque
toujours les fureteurs, je ne tardai pas à mettre la main sur l'an-
tique registre, et je pus en outre constater que le *chartrier de la
Madelaine* possède une pleine boîte de magnifiques chartes
originales, dont la plupart, à partir du douzième siècle, ont encore leurs sceaux dans un état parfait de conservation.

Pour me permettre de consulter plus facilement le cartulaire
de Sele, MM. les professeurs , d'après l'avis de M. Smith, déci-
dèrent qu'il serait emporté chez ce dernier; et ainsi fut fait,
après mention du déplacement sur le livre d'ordre du chartrier,
que chacun d'eux signa. M. Smith me ramène aussitôt dans son
appartement; il m'y installe de la manière la plus confortable et
la plus gracieuse, me recommandant de travailler à mon gré, de
ne pas me presser, et m'assurant que je ne le dérangerais en aucune façon. J'usai avec une grande reconnaissance d'une latitude
donnée avec une obligeance si cordiale. Toutefois je ne voulais
pas prolonger outre mesure l'esclavage dans lequel ma curiosité,
en fait de cartulaires, avait tenu l'honorable professeur pendant
près de quatre heures.

M. Pollen, qui pendant mes recherches et mon travail avait
fait visiter les divers établissements d'Oxford à mon ami et com-
pagnon de voyage André Salmon, étant venu me rejoindre ; je
profitai de l'occasion pour terminer la séance, non sans avoir
exprimé à M. Smith une reconnaissance profonde, qui bravera la
distance et le temps.

Sans parler des détails consignés dans cette notice, j'avais pu copier deux chartes importantes, en conférer plusieurs autres avec les textes conservés dans les archives de Maine-et-Loire, et enfin prendre diverses notes.

Aux folios 6 verso et 7 recto, se trouve la charte, copiée par moi, dans laquelle Raoul, deuxième du nom, évêque de Chichester, confirme à l'église de Sele, en mars 1235, tous les domaines, revenus et droits, énumérés par lui, qu'elle possède dans son diocèse. Les détails qu'elle contient me l'ont fait préférer à celle qui suit : Confirmation générale donnée par Thibaud, archevêque de Cantorbéry et primat d'Angleterre, en l'année 1151.

Parmi les personnages qui ont fait de nombreuses donations au prieuré de Sele, j'ai surtout trouvé des chartes du prieur Gautier, *Walterius*, de Colevile, qui vivait au milieu du treizième siècle. Aussi Roger abbé et le couvent de Saumur firent-ils un acte de justice, lorsque, dans leur chapitre général tenu au mois de mai 1269, ils accordèrent la confirmation d'un service anniversaire pour le salut de l'âme du généreux prieur. Leur charte est copiée dans le cartulaire de Sele, au fol. 45 verso. Elle est suivie d'un autre acte de même date, par lequel lesdits abbé et couvent confirment aussi une messe en l'honneur de Notre-Dame, fondée dans le prieuré.

Au folio 57 du cartulaire est copiée la charte par laquelle Henri II, roi d'Angleterre, duc de Normandie et d'Aquitaine et comte d'Anjou, confirme à l'abbaye de Saint-Florent de Saumur non-seulement l'église de Sele et ses dépendances, telles qu'elles leur ont été données par Guillaume de Briouse et par son fils Philippe, mais encore celle de Saint-Gervais et Saint-Protais de Briouse en Normandie (diocèse de Séez), patrie des fondateurs et chef-lieu de la paroisse qu'ils occupaient lorsque le succès des armes de Guillaume le Conquérant leur valut dans l'île conquise, comme aux autres compagnons du vainqueur d'Hastings, tant de vastes et riches domaines pour le service religieux desquels chacun d'eux appela et établit en Angleterre les moines des abbayes de France, dont ils avaient le plus cultivé l'amitié et admiré la dévotion.

Avant de partir pour la mission que M. le ministre de l'instruction publique a bien voulu me confier, j'avais fait, à Angers, un travail complet sur les chartes de nos abbayes angevines relatives à leurs possessions en Angleterre. Le regret de ne pouvoir copier ou analyser tous les documents contenus dans le cartulaire de Sele a été un peu diminué lorsque j'ai eu constaté l'existence, dans les archives de Maine-et-Loire, de divers actes importants qui n'ont pas été transcrits dans le registre de ce prieuré.

En voici l'indication : 1° Bulle du pape Innocent (treizième siècle), contenue dans un *vidimus original* de l'official de Cantorbéry, 20 janvier 1291, vieux style.

2° Charte de Philippe de Briouse : *Livre Blanc de Saint-Florent*, *fol.* 116 *verso*.

3° Transaction avec l'abbé de Fécamp pour les églises de Brembra, Staninges et Belingetone, *Orig.*

4° Charte de Jean abbé et du couvent de Saint-Florent, contenant annulation des ventes faites par les prédécesseurs du prieur Robert, 3 mai 1315. *Orig. scellé.*

5° Lettre missive de l'abbé Louis du Bellay à Richard Audouin, prieur de Sele, contre l'établissement d'un collége de grammairiens au lieu et place du prieuré, 3 août 1488. *Histoire Mste de Saint-Florent, par D. Huynes*, *fol.* 103. Lorsque cette lettre parvint à son adresse, il était trop tard pour protester contre un fait accompli et sanctionné par le roi Henri VI : la Madelaine existait déjà, et la révolution religieuse opérée par Henri VIII ne devait rien changer à sa destination. Puisse-t-elle exister longtemps encore; tel est le vœu qu'on ne peut manquer de former après avoir visité ce magnifique collége.

V. Abbaye de Saint-Nicolas d'Angers.

Prieuré de Saint-Nicolas de Spalding, diocèse de Lincoln, en Angleterre.

Musée britannique, Mss. Fonds Harley, n° 742.

Registrum prioratûs de Spalding; partes IV et V.

Petit in-folio en parchemin de 352 feuillets : IVᵉ partie 1-319; Vᵉ 320-352. Dans le foliotage moderne, on a compris plusieurs originaux intercalés. L'écriture appartient à la fin du quatorzième siècle pour le cartulaire, et au commencement du quinzième pour les additions.

La cinquième partie contient 90 chartes.

La quatrième en renferme un si grand nombre, qu'il ne m'a pas été possible de les compter. Il doit y en avoir de 1100 à 1200, ce qui forme un total d'environ 1,250 pièces, de l'année 1140 environ, au commencement du quinzième siècle.

Magnifique manuscrit. Bonne écriture, en pleine page, dont chacune a de 36 à 38 lignes. En tête de la quatrième partie se trouve une table analytique des diverses divisions suivant lesquelles les chartes ont été groupées. Une analyse en rubrique précède chaque pièce, du moins pour le cartulaire proprement dit.

La plus ancienne paraît être une charte du roi Henri Ier, ainsi datée : *Teste Nigello de Albiniaco, apud Wodestok*, et concernant les marais de Spalding. Il n'y est pas question de l'abbé ni des moines de Saint-Nicolas d'Angers. On la trouve au folio VIII de la quatrième partie. J'ai copié au même feuillet une charte de son petit-fils Richard Cœur de lion, contenant restitution à l'abbé de Saint-Nicolas d'Angers et au prieur de Spalding de la terre dudit Spalding, telle qu'elle leur avait été donnée par son aïeul susdit. La charte originale, datée du 15 novembre 1re année de son règne, fut confirmée et innovée le 24 janvier, 10e année de son règne, et reçut le nouveau sceau du monarque, adopté pour remplacer celui qu'il avait perdu pendant sa captivité en Allemagne. La plupart des titres se rapportent au quatorzième siècle, et on y remarque notamment de nombreuses lettres des rois d'Angleterre, entre autres des Édouard. On voit aussi une certaine quantité de pièces du treizième siècle, datées en général de l'année du roi et de celle du prieur. Il y est rarement parlé de l'abbé de Saint-Nicolas, qui intervient cependant, en la 10me année du roi (Édouard) dans le partage des marais de Spalding en deux sections : Kestevene pour le prieuré ; Hoiland pour les usagers. (Voir fol. 10, recto.)

Le prieuré de Spalding était très-riche et important. Pour s'en convaincre, il suffit de parcourir, dans le *Monasticon Anglicanum* (nouvelle édition, tome 3, page 211), les documents historiques et domaniaux qui sont parvenus jusqu'à nous.

J'ai vu, dans le manuscrit de Harley sous le n° 743, qui suit immédiatement celui du cartulaire décrit plus haut, un terrier contenant lui-même plusieurs chartes; mais le temps m'a manqué pour rechercher les trois autres registres ou cartulaires qui ont appartenu à Maurice Johnson, et surtout le précieux et volumineux cartulaire conservé au *Collège de Caius*, à Cambridge, avec une chronique dans le manuscrit de laquelle sont aussi copiées des chartes de diverses époques. Ces deux derniers documents ne peuvent manquer d'offrir des particularités relatives à l'histoire d'Anjou, et, en se présentant au collége de Caius avant les vacances, on aurait toutes facilités pour les compulser. A Cambridge on n'est pas moins bienveillant qu'à Oxford pour les paléographes français.

Le *Monasticon Anglicanum* renvoie aussi au volume XXV des manuscrits de Dodesworth, à la bibliothèque Bodléienne, à Oxford. Je n'y ai trouvé, page 12, qu'une charte du roi Jean sans Terre, imprimée dans les *Rotuli chartarum*, recueil dans lequel on trouve aussi un autre acte du même prince concernant le prieuré de Spalding. (Voir pages 47 et 55.)

On trouve, en outre, de nombreuses copies au *Musée Britannique*, Mss. de Cole, vol. 43, pages 91-457, et vol. 44, pages 214, 215, 316, 347, 357, etc.

VI. Abbaye de Saint-Serge d'Angers.

Musée britannique, Mss. Fonds Cole, volume XLVIII, pages 36-45.

Prieuré de Saint-André de Swavesey, diocèse d'Ely, en Angleterre.

Copie de chartes dont les originaux sont conservés au palais épiscopal d'Ely. *Arch. of the see of Ely.*

Manuscrit en papier, contenant 25 pièces, du milieu du douzième siècle à l'année 1395 ; plus un catalogue des prieurs, à la même époque.

La vingt–deuxième charte est une Notice curieuse sur l'occupation du prieuré par le roi Jean sans Terre avec ses équipages et ses troupes, énumérés tout au long, ainsi que les objets qu'ils ont enlevés et consommés chez les moines.

VII. Abbaye de la Trinité de Vendôme.

Bibliothèque de sir Thomas Phillipp's, n° 2,970, acquis vers 1825, de Royer, libraire à Paris, pour la somme de 2,500 fr.

Cartulaire de l'abbaye de la Sainte-Trinité de Vendôme.

In-4° ; haut de $0^m,28$; large de 0,23.

Il a 40 folios en parchemin.

Il a été écrit dans la seconde moitié du onzième siècle, vers 1070, avec quelques pièces ajoutées postérieurement, jusqu'au commencement du douzième siècle.

Le nombre des chartes est de 111, dont 109 entières et 2 incomplètes.

La plus ancienne, émanée de Bouchard, comte de Vendôme, et antérieure à la fondation de ce monastère par Geoffroi Martel Ier, comte d'Anjou, est de la fin du dixième siècle; la plus moderne est de l'an 1101.

Ce débris de l'ancien cartulaire est dans un très-bon état de conservation.

Sauf pour les huit premiers feuillets, qui contiennent de 40 à 42 lignes et sont de diverses mains, l'écriture est disposée sur deux colonnes, dont chacune a 31 lignes.

A partir du folio 9, les titres des chartes sont en rubrique, avec des lettres onciales.

Un index des chartes, avec titre et incipit, qui occupe les folios 1 à 4, ainsi qu'une colonne du folio 6, prouve que ce manuscrit contenait environ 570 pièces, dont il ne reste pas même un cinquième aujourd'hui.

Il résulte, en outre, des renseignements fournis par la collection de dom Housseau, que ce cartulaire contenait au moins 274 folios : il n'en reste plus aujourd'hui que 40.

Le folio 9 actuel correspond à l'ancien fol. XXI, et ainsi de suite, sans lacune, jusqu'au folio 40, jadis LII.

Les huit premiers feuillets ont été cotés anciennement A. B. C. D., et I, II, III, IIII; mais ils formaient une pagination à part et n'étaient pas compris dans les vingt feuillets qui précédaient le folio coté actuellement 9; car ces chartes ne sont pas indiquées dans l'Index susdésigné.

Après avoir collationné sur le manuscrit original une quarantaine de chartes copiées par lui et par moi d'après les textes contenus dans quelques-unes des collections de la Bibliothèque impériale, notamment celle de D. Housseau, M. André Salmon a transcrit tout le reste du cartulaire de Vendôme; et, comme ce document est de la plus grande importance pour l'histoire d'Anjou, il m'a permis d'en faire faire une copie pour les archives du département de Maine-et-Loire.

PUBLICATIONS HISTORIQUES

OFFERTES

PAR LE GOUVERNEMENT ANGLAIS

A LA VILLE D'ANGERS.

RAPPORT A M. LE MAIRE DE LA VILLE D'ANGERS.

Angers, le 20 août 1850.

Monsieur le Maire,

Chargé de vous remettre trente-six volumes (douze in-folio et vingt-quatre grand in-octavo), offerts par le gouvernement anglais à la ville d'Angers, pour sa bibliothèque publique, j'ai l'honneur de vous rendre compte des circonstances dans lesquelles cette donation a été faite.

En remplissant, auprès de sir Francis Palgrave, conservateur des Archives Britanniques, dites *Public Record Office,* une commission qui m'avait été donnée pour lui (1), et après lui avoir parlé de mon

---

(1) Par le savant Dom Pitra, bénédictin, de l'abbaye de Solesmes, près Sablé. Voir la pièce justificative nº III.

vif désir de travailler dans le riche dépôt confié à sa garde, j'ai cru
devoir lui exprimer le regret que la ville d'Angers, moins heureuse
que plusieurs autres cités françaises, n'ait pas été comprise dans la
distribution des importantes publications historiques faites par l'*ancienne Commission des Records*.
Sir Francis Palgrave, qui a visité notre pays, a accueilli ma ré-
clamation avec la plus grande bienveillance (1). Un homme aussi
versé dans la connaissance des antiquités britanniques, n'avait pas
besoin qu'on insistât longuement sur les relations qui ont existé,
au xiiᵉ et au xiiiᵉ siècles, entre le royaume d'Angleterre et le comté
d'Anjou; et il a pris une part trop active aux travaux de la *Commission des Records,* pour ne pas savoir que les documents publiés par
elle comprennent notamment tous les actes des rois Henri II, Richard Cœur-de-Lion et Jean-sans-Terre, relatifs à l'administration
d'une province qui a été le berceau des Plantagenets et possède encore les tombeaux de plusieurs des membres les plus illustres de
cette famille.

Après m'avoir dit qu'il existait encore un certain nombre des volumes contenant des titres relatifs à l'Anjou, sir Francis Palgrave
me donna lieu d'espérer que la demande de cette partie de la collection serait favorablement reçue par le Maître des Rôles, auquel le
gouvernement avait départi le soin d'en disposer. En attendant, il
m'a engagé, à cause de ma mission officielle, à faire solliciter par
l'ambassadeur de France, auprès du ministre des affaires étrangères
(lord Palmerston), l'autorisation de travailler à la Tour de Londres;
et en me faisant accorder cette permission de la manière la plus
large, sir Francis Palgrave ajoute, dans sa lettre du 25 juillet à
M. l'ambassadeur de France (2) : « J'ai en outre l'honneur de vous
» informer que, d'après les communications faites, par Sa Seigneu-
» rie le Maître des Rôles, au secrétaire d'Etat du département de
» l'intérieur, des exemplaires de plusieurs publications faites par
» l'ancienne Commission des Records, spécifiées dans la liste ci-
» incluse (3), seront délivrés à M. Marchegay, ou à telle autre per-
» sonne que vous désignerez, pour être déposés dans la bibliothèque
» de la ville d'Angers. »

Ces dispositions ont été confirmées à notre ambassadeur par le
Ministre des affaires étrangères, le 27 du même mois (4) : « J'ai aussi

(1) Pièces justificatives, nᵒˢ ı et ıı.
(2) Pièces justificatives, nᵒ ııı.
(3) Pièces justificatives, nᵒ v.
(4) Pièces justificatives, nᵒ ıv.

» l'honneur d'informer Votre Excellence que des exemplaires de
» celles des publications des Records, dont (à l'exception des *Monu-*
» *menta historica Britannica*), il est possible de disposer en ce mo-
» ment, seront délivrés à M. Marchegay, pour la bibliothèque de la
» ville d'Angers. »

Ainsi, Monsieur le Maire, un résultat qui, chez nous, aurait dû
être préparé longtemps d'avance, et aurait exigé une foule de lettres
et formalités bureaucratiques, a été obtenu, chez nos voisins d'outre-
Manche, après une simple indication, faite accidentellement, et par
un étranger à peu près inconnu. Notre bibliothèque avait autant de
titres qu'aucune autre à la précieuse collection qui va enrichir ses
étagères; mais combien de temps n'aurait-elle pas attendu encore,
si par un de ces actes généreusement spontanés, qui sont le propre
du caractère britannique, on ne s'était empressé de lui offrir ce que
l'on savait devoir être si bien placé dans l'ancienne capitale de
l'Anjou.

Sir Francis Palgrave s'est donné la peine de choisir lui-même les
volumes qui nous étaient destinés. Il a d'abord compris dans cette
collection tous ceux qui contiennent des documents relatifs à l'ancien patrimoine des Ingelgériens et des Plantagenets, et il y a de
plus ajouté les recueils susceptibles d'offrir quelqu'intérêt aux personnes qui voudraient étudier à sa source l'histoire parlementaire
de la Grande-Bretagne (1).

Faute de temps, j'ai accepté l'offre que m'a faite M. le chancelier
de l'ambassade à Londres, de retirer les trente-six volumes et d'en
donner un récépissé. Je pensais d'ailleurs que, par l'intervention de
notre ministère des affaires étrangères, ils vous arriveraient prompt-
tement et presque sans frais. Mieux renseigné, j'ai reconnu qu'en
passant en des mains françaises, la conclusion de cette affaire devait subir nos lenteurs ordinaires. Aussi n'ai-je pas hésité à récla-
mer, en mon nom personnel, les ouvrages que j'étais personnelle-
ment chargé de vous remettre. Je les ai fait emballer, les ai emportés
avec moi, sur le paquebot qui conduit de Londres à Boulogne et
dans cette dernière ville je les ai mis au chemin de fer. Ils me sont
parvenus hier, et je viens, Monsieur le Maire, les mettre immédiatement à votre disposition.

Mes déboursés se montent à la somme de 28 fr. 40 c. Vous en

(1) M. Adville, bibliothécaire de la ville d'Angers, a adressé à l'Administration
municipale, d'après la demande qui lui en a été faite, un travail aussi intéressant
que profond, sur les volumes donnés par le gouvernement anglais.

trouverez ci-joint, un état (1), avec la liste des ouvrages dont la concession, par le gouvernement anglais, à la ville d'Angers, a été aussi gracieuse que spontanée.

Agréez, Monsieur le Maire, l'assurance de ma considération respectueuse,

L'Archiviste du département,

PAUL MARCHEGAY.

PIÈCES JUSTIFICATIVES.

I. A M. MARCHEGAY.

Roll's House, Chancery Lane, 17 juillet 1850.

Monsieur, Sa Seigneurie le Maître des Rôles a reçu votre demande, communiquée par le secrétaire d'État, avec beaucoup de bienveillance; mais avant de faire la concession des publications du *Record commission,* il faut vous donner la peine de m'indiquer la *désignation spéciale* de l'établissement ou dépôt où lesdites publications seront déposées.

Agréez, Monsieur, etc.

FRANCIS PALGRAVE.

II. A M. FRANCIS PALGRAVE.

Londres, lundi soir, 17 juillet

Monsieur, d'après ce qu'on m'a dit à l'ambassade de France qu'il n'avait été reçu aucune réponse à la demande faite en ma faveur (2), je n'ai pas été profiter de vos bons offices, d'autant plus que j'ai trouvé au *British Museum* de quoi m'occuper amplement. Demain je pars pour Oxford et Middlehill (3), et je suis ainsi obligé d'ajourner à

(1) Pièces justificatives, nos VI et VII.
(2) Pour travailler sur les Rôles et Chartes de la Tour de Londres. Sir Francis Palgrave m'en avait offert la communication immédiate.
(3) Comté de Worcester. Château de Sir Thomas Philipps, baronnet, qui possède dans ses volumineuses et riches collections de manuscrits le Grand Cartulaire de Fontevraud et le Livre-Noir de Saint-Florent, près Saumur.

mon retour l'honneur de vous revoir et celui de vous présenter mes remerciements, ainsi qu'à Sa Seigneurie le Maître des Rôles. En attendant, je ne veux pas manquer de répondre à votre lettre de ce jour, et de vous dire que l'établissement dans lequel seront déposées les publications du Record Commission est la *Bibliothèque de la ville d'Angers*.

Agréez, je vous prie, Monsieur, etc.

PAUL MARCHEGAY.

III. HIS EXCELLENCY THE FRENCH AMBASSADOR.

Public Record Office, Roll's House London, 25th july 1850.

May it please Your Excellency,

Your Excellency's letter of the 2nd instant, addressed to His Lordship the Secretary of State of the Foreign Departement on behalf of Monsr Marchegay, charged by the Minister of Public Instruction to make certain Historical inquiries in the Libraries, etc., of Great Britain, having been remitted to the Rigth Honourable the Secretary of the State for the Home departement, and by latter transmitted to the Right Honourable the Master of the Rolls, His Lordship has, pursuant to your request, given directions to his officers to afford to Monsr Marchegay every facility in the prosecution of his Commission, so far as regards any documents relating to the History of Anjou, wich may be deposited in the Record Offices under His Lorsship's charge.

And i have further the honour to inform you that, pursuant to the communication made by His Lordship the Master of the Rolls to the Secretary of State for the Home Departement, copies of several publications of the late Record Commissionners, specified in the list herein inclosed, will be delivered to Monsr Marchegay, or to such other person as you may direct, for the use of the Library of the city of Angiers, to be disposited therein.

I request permission also to call the attention of Your Excellency to the letter, dated 17th may 1850, wich i had the honour to address to you, concerning the application by the Reverends Fathers the Benedictines of Solesmes.

I have the honour to remain Your Excellency's most obedient and faithful servant.

FRANCIS PALGRAVE.

IV. A M. L'AMBASSADEUR DE FRANCE.

Monsieur l'Ambassadeur,

I did not fail to refer to the proper Departement of Her Majesty's Governement Your Excellency's letter of the 2nd instant, requesting that facilities might be afforded to Mons Marchegay, who has been directed by the French Minister of Public Instruction, to endeavour to obtain copies of any Documents that may exist in Great Britain, relating to the History of Anjou; and i have now the honor to inform Your Excellency that the Master of the Rolls has given directions that every facility may be afforded to Mons Marchegay in the prosecution of his researches, so far as regards any Documents relating to the History of Anjou which may be deposited in the Record Offices under his charge.

I have also the honor to inform Your Excellency that copies of such of the Record Publications (with the exception of the Monumenta Historica Britannica) as can properly be spared, will be delivered to Mons Marchegay, for the Library of the city of Angiers.

I have in the same time to acquaint Your Excellency that the Keeper of Her Majesty's State Papers has also been directed to afford to Mons Marchegay access to any Papers relating to History of Anjou which may be deposited in the State Paper Office (1).

I have the honour, etc.

PALMERSTON.

V. LISTE DES PUBLICATIONS DE LA COMMISSION DES RECORDS DONNÉES A LA BIBLIOTHÈQUE D'ANGERS.

Report of Record Commissionners.	1 vol.	in-fº
Ancient Laws and Institutes of England.	1 —	fº
Documents illustrative of English History	1 —	fº
Modus tenendi Parliamentum.	1 —	8º
Privy Council Proceedings.	7 —	8º
Ancient Laws and Institutes of Wales.	1 —	fº
Record of Caernarvon.	1 —	fº

(1) Pressé par le temps, et après une absence de deux mois, il ne m'a pas été possible de compulser les Archives de ce dépôt.

Documents relative to History of Scotland. . . . . 1 vol. in-8°
Introdution to Valor Ecclesiasticus. . . . . . . 1 — 8°
Kalendars of the Exchequer. . . . . 3 — 8°
Fines. . . . . 2 — 8°
Excerpta e Rotulis Finium. . . . . 2 — 8°
Rotuli de Liberate . . . . 1 — 8°
Pipe Rolls Henrici II. . . . . 1 — 8°
— Ricardi I. . . . . 1 — 8°
Abbreviatio Placitorum. . . . . 1 — f°
Rotulorum originalium abbreviatio. . . . . . . 2 — f°
Rotuli Curiæ Regis. . . . . 2 — 8°
— Litterarum Patentium. . . . . 1 — f°
— Litterarum Clausarum. . . . . 2 — f°
— Chartarum. . . . . 1 — f°
— De Oblatis. . . . . 1 — 8°
— Normanniæ . . . . 1 — 8°

VI. Dépense faite pour le transport de Londres a Angers des volumes ci-dessus énumérés.

1° Port de l'ambassade de France chez M. Marchegay. 2 fr. 50 c.
2° Caisse ferrée et à serrure, emballage, cordage. . 13   15
3° Port de chez M. Marchegay au paquebot de Boulogne. 1   90
4° Port du paquebot au chemin de fer. 1   50
5° Port de Boulogne à Angers. 9   35

TOTAL. . . 28 fr. 40 c.

VII. Extrait du registre des délibérations du conseil municipal de la ville d'Angers.

Séance du 28 août 1850.

Présents, MM. Chevré et Piquelin, adjoints, Dellêtre, de la Per-
raudière, de Lozé, Montalant, de Marcombe, de Mieulle, Garin, de
Terves, Drouart, Bigot, Oriolle, Le Motheux, Fourier, Planche-
nault, Meauzé et Mestayer, conseillers.

M. le Maire donne lecture d'une lettre de M. Marchegay, archiviste de la Préfecture, contenant avis qu'il a rapporté de Londres,
où une mission à remplir pour le Gouvernement Français l'avait

appelé, trente-six volumes offerts par le Gouvernement Anglais à la ville d'Angers, pour sa bibliothèque publique.

La donation de ces volumes, qui se composent de publications historiques faites à Londres par l'ancienne Commission des Records et qui comprennent des documents précieux sur l'Anjou au temps des rois Henri II, Richard Cœur-de-Lion et Jean Sans-Terre, est due principalement aux bons offices de Sir Francis Palgrave, conservateur des Archives Britanniques, dites *Public Record Office.*

Sir Palgrave, après avoir aplani, par sa bienveillante intervention, les difficultés que M. Marchegay aurait pu rencontrer dans ses démarches, pour obtenir les ouvrages qu'il avait réclamés aux Ministres des Affaires Etrangères et de l'Intérieur d'Angleterre, par l'intermédiaire de l'Ambassadeur de France, s'est donné la peine de choisir lui-même les volumes qui étaient destinés à la ville d'Angers et qui ont été délivrés à M. Marchegay, qui a bien voulu se charger de les apporter à Angers.

Le Conseil,

Consigne ici l'expression de sa reconnaissance envers le Gouvernement anglais, pour la concession aussi gracieuse que spontanée des publications intéressantes qu'il a daigné accorder à la ville d'Angers, et que le Conseil accepte; et envers Sir Palgrave, qui a été si bienveillant pour M. Marchegay dans cette circonstance;

Vote en même temps des remerciements à M. l'Archiviste du département, pour le zèle qu'il a mis dans ses démarches en faveur de la Ville, et pour les peines et soins qu'il s'est donnés afin de faire parvenir à bon port, à la bibliothèque d'Angers, les ouvrages destinés à en augmenter les richesses.

Invite M. le Maire à faire rembourser de suite à M. Marchegay la somme de vingt-huit francs quarante centimes, montant de ses déboursés pour le transport desdits ouvrages de Londres à Angers.

Angers. Imp. de Cosnier et Lachèse.